D0466674

Am Beispiel meines Bruders

Uwe Timm

Am Beispiel meines Bruders

Kiepenheuer & Witsch

3. Auflage 2003

© 2003 by Verlag Kiepenheuer & Witsch, Köln
Alle Rechte vorbehalten. Kein Teil des Werkes darf in irgend-
einer Form (durch Fotografie, Mikrofilm oder ein anderes
Verfahren) ohne schriftliche Genehmigung des Verlages repro-
duziert oder unter Verwendung elektronischer Systeme
verarbeitet, vervielfältigt oder verbreitet werden.
Umschlaggestaltung: Rudolf Linn, Köln
Gesetzt aus der Stempel Garamond
Satz: Greiner & Reichel, Köln
Druck und Bindearbeiten: GGP Media, Pößneck
ISBN 3-462-03320-4

above the battle's fury –
clouds and trees and grass –
William Carlos Williams

Erhoben werden – Lachen, Jubel, eine unbändige Freude – diese Empfindung begleitet die Erinnerung an ein Erlebnis, ein Bild, das erste, das sich mir eingeprägt hat, mit ihm beginnt für mich das Wissen von mir selbst, das Gedächtnis: Ich komme aus dem Garten in die Küche, wo die Erwachsenen stehen, meine Mutter, mein Vater, meine Schwester. Sie stehen da und sehen mich an. Sie werden etwas gesagt haben, woran ich mich nicht mehr erinnere, vielleicht: Schau mal, oder sie werden gefragt haben: Siehst du etwas? Und sie werden zu dem weißen Schrank geblickt haben, von dem mir später erzählt wurde, es sei ein Besenschrank gewesen. Dort, das hat sich als Bild mir genau eingeprägt, über dem Schrank, sind Haare zu sehen, blonde Haare. Dahinter hat sich jemand versteckt – und dann kommt er hervor, der Bruder, und hebt mich hoch. An sein Gesicht kann ich mich nicht erinnern, auch nicht an das, was er trug, wahrscheinlich Uniform, aber ganz deutlich ist diese Situation: Wie mich alle ansehen, wie ich das blonde Haar hinter dem Schrank entdecke, und dann dieses Gefühl, ich werde hochgehoben – ich schwebe.

Es ist die einzige Erinnerung an den 16 Jahre älteren Bruder, der einige Monate später, Ende September, in der Ukraine schwer verwundet wurde.

30.9.1943
Mein Lieber Papi
Leider bin ich am 19. schwer verwundet ich bekam ein
Panzerbüchsenschuß durch beide Beine die die sie mir
nun abgenommen haben. Daß rechte Bein haben sie
unterm Knie abgenommen und daß linke Bein wurde
am Oberschenkel abgenommen sehr große Schmerzen
hab ich nicht mehr tröste die Mutti es geht alles vorbei
in ein paar Wochen bin ich in Deutschland dann kanns
Du Mich besuchem ich bin nicht waghalsig gewesen
Nun will ich schließen
Es Grüßt Dich und Mama, Uwe und alle
Dein Kurdel

Am 16.10.1943 um 20 Uhr starb er in dem Feldlazarett
623.

Abwesend und doch anwesend hat er mich durch meine Kindheit begleitet, in der Trauer der Mutter, den
Zweifeln des Vaters, den Andeutungen zwischen den
Eltern. Von ihm wurde erzählt, das waren kleine, immer ähnliche Situationen, die ihn als mutig und anständig auswiesen. Auch wenn nicht von ihm die Rede war,
war er doch gegenwärtig, gegenwärtiger als andere
Tote, durch Erzählungen, Fotos und in den Vergleichen des Vaters, die mich, den *Nachkömmling,* einbe-
zogen.

Mehrmals habe ich den Versuch gemacht, über den
Bruder zu schreiben. Aber es blieb jedesmal bei dem
Versuch. Ich las in seinen Feldpostbriefen und in dem
Tagebuch, das er während seines Einsatzes in Rußland

geführt hat. Ein kleines Heft in einem hellbraunen Einband mit der Aufschrift *Notizen*.

Ich wollte die Eintragungen des Bruders mit dem Kriegstagebuch seiner Division, der *SS-Totenkopfdivision*, vergleichen, um so Genaueres und über seine Stichworte Hinausgehendes zu erfahren. Aber jedesmal, wenn ich in das Tagebuch oder in die Briefe hineinlas, brach ich die Lektüre schon bald wieder ab.

Ein ängstliches Zurückweichen, wie ich es als Kind von einem Märchen her kannte, der Geschichte von Ritter Blaubart. Die Mutter las mir abends die Märchen der Gebrüder Grimm vor, viele mehrmals, auch das Märchen von Blaubart, doch nur bei diesem mochte ich den Schluß nie hören. So unheimlich war es, wenn Blaubarts Frau nach dessen Abreise, trotz des Verbots, in das verschlossene Zimmer eindringen will. An der Stelle bat ich die Mutter, nicht weiterzulesen. Erst Jahre später, ich war schon erwachsen, habe ich das Märchen zu Ende gelesen.

Da schloß sie auf, und wie die Türe aufging, schwomm ihr ein Strom Blut entgegen, und an den Wänden herum sah sie tote Weiber hängen, und von einigen waren nur die Gerippe noch übrig. Sie erschrak so heftig, daß sie die Türe gleich wieder zuschlug, aber der Schlüssel sprang dabei heraus und fiel in das Blut. Geschwind hob sie ihn auf und wollte das Blut abwaschen, aber es war umsonst, wenn sie es auf der einen Seite abgewischt, kam es auf der anderen Seite wieder zum Vorschein.

Ein anderer Grund war die Mutter. Solange sie lebte, war es mir nicht möglich, über den Bruder zu schreiben. Ich hätte im voraus gewußt, was sie auf meine Fragen geantwortet hätte. Tote soll man ruhen lassen. Erst als auch die Schwester gestorben war, die letzte, die ihn kannte, war ich frei, über ihn zu schreiben, und frei meint, alle Fragen stellen zu können, auf nichts, auf niemanden Rücksicht nehmen zu müssen.

Hin und wieder träume ich vom Bruder. Meist sind es nur Traumfetzen, ein paar Bilder, Situationen, Worte. Ein Traum hat sich mir recht genau eingeprägt.

Jemand will in die Wohnung eindringen. Eine Gestalt steht draußen, dunkel, verdreckt, verschlammt. Ich will die Tür zudrücken. Die Gestalt, die kein Gesicht hat, versucht, sich hereinzuzwängen. Mit aller Kraft stemme ich mich gegen die Tür, dränge diesen gesichtslosen Mann, von dem ich aber bestimmt weiß, daß es der Bruder ist, zurück. Endlich kann ich die Tür ins Schloß drücken und verriegeln. Halte aber zu meinem Entsetzen eine rauhe, zerfetzte Jacke in den Händen.

Der Bruder und ich.

In anderen Träumen hat er dasselbe Gesicht wie auf den Fotos. Nur auf einem Bild trägt er Uniform. Von dem Vater gibt es viele Fotos, die ihn mit und ohne Stahlhelm, mit Feldmütze, in Dienst- und in Ausgehuniform, mit Pistole und mit Luftwaffendolch zeigen. Vom uniformierten Bruder hingegen findet sich nur diese eine Aufnahme, die ihn, den Karabiner in der Hand, bei einem Waffenappell auf dem Kasernenhof zeigt. Er ist darauf nur von fern und so undeutlich zu sehen, daß allein meine Mutter behaupten konnte, sie habe ihn sofort erkannt.

Ein Foto, das ihn in Zivil zeigt, wahrscheinlich zu der Zeit aufgenommen, als er sich freiwillig zur Waffen-SS meldete, habe ich, seit ich über ihn schreibe, in meinem Bücherschrank stehen: Ein wenig von unten aufgenommen, zeigt es sein Gesicht, schmal, glatt, und die sich andeutende steile Falte zwischen den Augenbrauen gibt ihm einen nachdenklichen strengen Ausdruck. Das blonde Haar ist links gescheitelt.

Eine Geschichte, die von der Mutter immer wieder erzählt wurde, war die, wie er sich freiwillig zur Waffen-SS melden wollte, sich dabei aber verlaufen hatte. Sie erzählte es so, als wäre das, was dann danach kam, vermeidbar gewesen. Eine Geschichte, die ich so früh und so oft gehört habe, daß ich alles wie miterlebt vor mir sehe.

1942, im Dezember, an einem ungewöhnlich kalten Tag, spätnachmittags, war er nach Ochsenzoll, wo die SS-Kasernen lagen, hinausgefahren. Die Straßen waren verschneit. Es gab keine Wegweiser, und er hatte sich in der einbrechenden Dunkelheit verlaufen, war aber weiter an den letzten Häusern vorbei in Richtung der Kasernen gegangen, deren Lage er sich auf dem Plan eingeprägt hatte. Kein Mensch war zu sehen. Er geht hinaus ins offene Land. Der Himmel ist wolkenlos, und nur über den Bodensenken und Bachläufen liegen dünne Dunstschwaden. Der Mond ist eben über einem Gehölz aufgegangen. Der Bruder will schon umkehren, als er einen Mann entdeckt. Eine dunkle Gestalt, die am Rand der Straße steht und über das verschneite Feld in Richtung des Mondes blickt.

Einen Moment zögert der Bruder, weil der Mann wie erstarrt dasteht, sich auch dann nicht bewegt, als er die ihm näher kommenden, im Schnee knirschenden Schritte hätte hören müssen. Der Bruder fragt ihn, ob er den Weg zur SS-Kaserne kenne. Einen recht langen Augenblick regt sich der Mann nicht, als habe er nichts gehört, dreht sich dann langsam um und sagt: Da. Der Mond lacht. Und als mein Bruder nochmals nach dem Weg zu der Kaserne fragt, sagt der Mann, er solle ihm folgen, und geht auch sogleich voran, schnell, schreitet rüstig aus, er geht, ohne sich umzudrehen, ohne Rast durch die Nacht. Längst ist es zu spät, um noch zur Musterungsstelle zu kommen. Mein Bruder fragt nach dem Weg zum Bahnhof, aber der Mann geht, ohne zu antworten, vorbei an dunklen Bauernhäusern, an Ställen, aus denen das heisere Muhen der Kühe zu hören ist. In den Radspuren splittert unter dem Tritt das Eis. Mein Bruder fragt nach einiger Zeit, ob sie denn auf dem richtigen Weg seien. Der Mann bleibt stehen, dreht sich um und sagt: Ja. Wir gehen zum Mond, da, der Mond lacht, er lacht, weil die Toten so steif liegen.

Nachts, als er nach Hause kam, erzählte mein Bruder, wie ihn einen Moment gegraust habe, und daß er später, nachdem er zu dem Bahnhof zurückgefunden hatte, zwei Polizisten getroffen habe, die einen Irren suchten, der aus den Alsterdorfer Anstalten entlaufen war.

Und dann?

Am nächsten Tag war er frühmorgens losgefahren, hatte die Kaserne und das Musterungsbüro gefunden, wurde auch sofort genommen: 1,85 groß, blond, blauäugig. So wurde er Panzerpionier in der *SS-Totenkopfdivision*. 18 Jahre war er alt.

Die Division galt unter den SS-Divisionen als eine Eliteeinheit, wie auch die Divisionen *Das Reich* und *Leibstandarte Adolf Hitler*. Die *Totenkopfdivision* war 1939 aus der Wachmannschaft des Dachauer KZ gebildet worden. Als besonderes Zeichen trugen die Soldaten nicht nur wie die anderen SS-Einheiten den Totenkopf an der Mütze, sondern auch am Kragenspiegel.

Seltsam war an dem Jungen, daß er hin und wieder in der Wohnung verschwand. Und zwar nicht, weil er eine Bestrafung zu befürchten hatte, er verschwand *einfach so*, ohne ersichtlichen Grund. Plötzlich war er unauffindbar. Und ebenso plötzlich war er wieder da. Die Mutter fragte, wo er gesteckt habe. Er verriet es nicht.

Es war die Zeit, als er körperlich recht schwach war. Blutarmut und Herzflimmern hatte Dr. Morthorst diagnostiziert. In der Zeit war der Bruder nicht zu bewegen, draußen zu spielen. Er ging nicht aus der Wohnung, er ging auch nicht in den Laden, der von der Wohnung aus über eine Treppe zu erreichen war, auch nicht in die Werkstatt, von dem Vater *Atelier* genannt. Er blieb in der überschaubaren Wohnung mit den vier Zimmern, einer Küche, einer Toilette und einer Abstellkammer verschwunden. Die Mutter war eben aus dem Zimmer gegangen, kam wenig später zurück. Er war nicht mehr da. Sie rief, guckte unter den Tisch, in den Schrank. Nichts. Es war, als hätte er sich in Luft aufgelöst. Es war sein Geheimnis. Das einzig Sonderbare an dem Jungen.

Später, Jahre später, erzählte die Mutter, habe sie, als die Fenster der Wohnung gestrichen wurden, das hölzerne Podest entdeckt, das, die Wohnung lag im Parterre, eine Fensterbank vortäuschte. Dieses Podest konnte man abrücken, und dahinter lagen Steinschleudern, eine Taschenlampe, Hefte und Bücher, die Tiere in der freien Wildbahn beschrieben, Löwen, Tiger, Antilopen. An die Titel der anderen Bücher konnte sich die Mutter nicht mehr erinnern. Dort drin muß er gesessen und gelesen haben. Er lauschte, hörte die Schritte, die Stimmen, der Mutter, des Vaters und war unsichtbar.

Als die Mutter das Versteck fand, war der Bruder schon beim Militär. Das eine Mal, als er noch auf Besuch kam, hatte sie versäumt, ihn zu fragen.

Blaß, regelrecht *durchsichtig* soll er als Kind gewesen sein. Und so konnte er verschwinden und plötzlich wieder auftauchen, saß am Tisch, als sei nichts gewesen. Auf die Frage, wo er gesteckt habe, sagte er nur, unter dem Boden. Was ja nicht ganz falsch war. Sein Benehmen war sonderbar, aber die Mutter fragte nicht weiter, spionierte ihm auch nicht nach, erzählte dem Vater nichts.

Er war ein eher ängstliches Kind, sagte die Mutter.

Er log nicht. Er war anständig. Und vor allem, er war tapfer, sagte der Vater, schon als Kind. *Der tapfere Junge.* So wurde er beschrieben, auch von entfernten Verwandten. Es waren wörtliche Festlegungen, und sie werden es auch für ihn gewesen sein.

Die Eintragungen in seinem Tagebuch beginnen im Frühjahr 1943, am 14. Februar, und enden am 6.8.43, sechs Wochen vor seiner Verwundung, zehn Wochen vor seinem Tod. Kein Tag ist ausgelassen. Dann, plötzlich, brechen sie ab. Warum? Was ist am 7.8. passiert? Danach gibt es nur noch eine undatierte Eintragung, aber davon soll später die Rede sein.

Feb. 14.
Jede Stunde warten wir auf Einsatz. Ab ½ 10 Alarmbereitschaft.
Feb. 15.
Gefahr vorüber, warten.

So geht es weiter, Tag für Tag. Dann heißt es mal wieder *warten*, dann der *alte Trott* oder *Appelle steigen*.

Feb. 25.
Wir gehen zum Angriff auf eine Höhe. Der Russe zieht sich zurück. Nachts Rollbahnbeschuß.
Feb. 26.
Feuertaufe. Russe wird in Stärke von 1 Battalion zurückgeschlagen. Nachts in Stellung ohne Winterkleidung am MG.
Feb. 27.
Gelände wird durchkämmt. Viel Beute! dann geht es wieder weiter vor.
Feb. 28.
1 Tag Ruhe, große Läusejagd, weiter nach Onelda.

Es war eine dieser Stellen, an denen ich früher inne-hielt, beim Weiterlesen zögerte. Könnte mit Läusejagd nicht auch etwas ganz anderes gemeint sein, nicht ein-fach das Entlausen der Uniform? Andererseits würde dann nicht dastehen *1 Tag Ruhe*. Aber dann dieses: *Viel Beute!*

Was verbirgt sich dahinter? Waffen? Warum dieses Ausrufezeichen, das sich sonst selten in seinen Notizen findet?

März 14.
Flieger. Iwans greifen an. Mein überschweres Beute Fahr-MG schießt wie toll ich kann die Spritze kaum halten, paar Treffer
März 15.
Wir gehen auf Charkow vor kleine reste der Russen.
März 16.
In Charkow
März 17.
ruhiger Tag
März 18.
unaufhörliche Bombenangriffe der Russen 1 Bombe in unser Quartier 3 Verw. Mein Fahr MG schießt nicht ich nehme mein MG 42 und knalle drauf 40 H (?) Schuß Dauerfeuer

So geht es weiter, kleine Eintragungen, mit Bleistift, in einer unregelmäßigen Schrift, vielleicht auf einem Last-wagen geschrieben, in der Unterkunft, vor dem neuen Einsatz, Tag für Tag: *Waffenmusterung, Regen und Matsch, Ausbildung MG Scharfschießen, Exerzieren Flammenwerfer 42.*

März 21.
Donez
Brückenkopf über den Donez. 75 m raucht Iwan Ziga-
retten, ein Fressen für mein MG.

Das war die Stelle, bei der ich, stieß ich früher darauf –
sie sprang mir oben links auf der Seite regelrecht ins
Auge –, nicht weiterlas, sondern das Heft wegschloß.
Und erst mit dem Entschluß, über den Bruder, also
auch über mich, zu schreiben, das Erinnern zuzulassen,
war ich befreit, dem dort *Festgeschriebenen* nachzuge-
hen.

Ein Fressen für mein MG: ein russischer Soldat, vielleicht in seinem Alter. Ein junger Mann, der sich eben
die Zigarette angezündet hatte – der erste Zug, das
Ausatmen, dieses Genießen des Rauchs, der von der
brennenden Zigarette aufsteigt, vor dem nächsten Zug.
An was wird er gedacht haben? An die Ablösung, die
bald kommen mußte? An den Tee, etwas Brot, an die
Freundin, die Mutter, den Vater? Ein sich zerfasern-
des Rauchwölkchen in dieser von Feuchtigkeit ge-
tränkten Landschaft, Schneereste, Schmelzwasser hatte sich im Schützengraben gesammelt, das zarte Grün
an den Weiden. An was wird er gedacht haben, der
Russe, der Iwan, in dem Moment? *Ein Fressen für mein
MG.*

Er war ein Kind, das lange gekränkelt hatte. Unerklär-
lich hohes Fieber. Scharlach. Ein Foto zeigt ihn im Bett,
das verwuschelte blonde Haar. Die Mutter erzählt, daß
er trotz Schmerzen so erstaunlich gefaßt war, ein ge-

duldiges Kind. Ein Kind, das viel mit dem Vater zusammen war. Die Fotos zeigen den Vater mit dem Jungen, auf dem Schoß, auf dem Motorrad, im Auto. Die Schwester, die zwei Jahre älter war als der Bruder, steht unbeachtet daneben.

Seine Kosenamen, die er als Kind sich selbst gegeben hatte: Daddum, Kurdelbumbum.

Von mir, dem Nachkömmling, glaubte der Vater, ich sei zu viel unter Frauen. In einem Brief, den mein Vater, der damals bei der Luftwaffe diente und in Frankfurt an der Oder stationiert war, an meinen Bruder in Rußland geschrieben hat, steht der Satz: *Uwe ist ein ganz netter kleiner Pimpf, aber etwas verzogen, na, wenn wir erst wieder im Hause sind, dann wird es schon wieder –.*

Ich war das, was man damals ein *Muttersöhnchen* nannte. Ich mochte den Duft der Frauen, diesen Geruch nach Seife und Parfum, ich mochte und suchte – eine frühe Empfindung – die Weichheit der Brüste und der Schenkel. Während er, der große Bruder, schon als kleiner Junge immer am Vater hing. Und dann gab es noch die Schwester, zwei Jahre älter als der Bruder, 18 Jahre älter als ich, die vom Vater wenig Aufmerksamkeit und kaum Zuwendung erfuhr, so daß sie etwas Sprödes, Brummiges bekam, was der Vater wiederum als muffig bezeichnete und was sie ihm nur abermals fernrückte.

Der Karl-Heinz, der große Junge, warum ausgerechnet der. Und dann schwieg er, und man sah ihm das an, den Verlust und die Überlegung, wen er wohl lieber an dessen Stelle vermißt hätte.

Der Bruder, das war der Junge, der nicht log, der immer aufrecht war, der nicht weinte, der tapfer war, der gehorchte. Das Vorbild.

Der Bruder und ich.

Über den Bruder schreiben, heißt auch über ihn schreiben, den Vater. Die Ähnlichkeit zu ihm, meine, ist zu erkennen über die Ähnlichkeit, meine, zum Bruder. Sich ihnen schreibend anzunähern, ist der Versuch, das bloß Behaltene in Erinnerung aufzulösen, sich neu zu finden.

Beide begleiten mich auf Reisen. Wenn ich an Grenzen komme und Einreiseformulare ausfüllen muß, trage ich sie mit ein, den Vater, den Bruder, als Teil meines Namens, in Blockschrift schreibe ich in die vorgeschriebenen Kästchen: Uwe Hans Heinz.

Es war der dringliche Wunsch des Bruders, mein Pate zu sein, mir seinen Namen als zusätzlichen Namen zu geben, und der Vater wünschte, ich solle als Zweitnamen seinen Namen tragen: Hans. Wenigstens mit dem Namen weiterzuleben, im anderen, denn 1940 war schon deutlich, daß der Krieg nicht so schnell ein Ende finden würde und der Tod an Wahrscheinlichkeit gewann.

Auf die Frage, warum der Bruder sich zur SS gemeldet habe, gab die Mutter einige naheliegende Erklärungen. *Aus Idealismus. Er wollte nicht zurückstehen. Sich nicht drücken.* Sie, wie auch der Vater, machte einen genauen Unterschied zwischen der SS und der Waffen-SS. Inzwischen, nach Kriegsende, nachdem die grauenvollen Bilder, die bei der Befreiung der KZ gemachten Filme, gezeigt worden waren, wußte man, was passiert war. Die *Mistbande*, hieß es, die *Verbrecher*. Der Junge war aber bei der Waffen-SS. *Die SS war eine normale Kampftruppe. Die Verbrecher waren die anderen, der SD. Die Einsatzgruppen. Vor allem die oben, die Führung. Der Idealismus des Jungen mißbraucht.*

Erst ein Pimpf, dann bei der Hitlerjugend. Fanfarenmärsche, Kampfspiele, Singen, Fangschnüre. Es gab Kinder, die ihre Eltern denunzierten. Dabei hat er, der Bruder, im Gegensatz zu dir, nie mit Soldaten spielen mögen.

Ich war dagegen, sagte sie, daß sich der Karl-Heinz zur SS meldet.

Und der Vater?

Der Vater hatte sich, im November 1899 geboren, schon im Ersten Weltkrieg freiwillig gemeldet und war zur Feldartillerie eingerückt. Das Sonderbare ist, daß ich so gut wie nichts aus dieser Zeit von ihm weiß, Fähnrich sei er gewesen, wollte Offizier werden, aber das war nach dem verlorenen Krieg nicht mehr möglich, und so hat er sich wie tausend andere aus dem demobilisierten Weltkriegsheer einem Freikorps angeschlossen und im Baltikum gegen die *Bolschewisten* gekämpft. Aber wo genau und wie lange und warum, weiß ich nicht. Und da fast alle Urkunden und Briefe mit der Ausbombung des Hauses 1943 verbrannt sind, ist es nicht mehr in Erfahrung zu bringen.

Ein paar Fotos in einem Album zeigen den Vater in dieser Zeit. Auf dem einen, mit der rückseitigen Beschriftung »1919«, ist eine Gruppe junger Männer in Uniformen zu sehen. Einige tragen Stiefel, andere Gamaschen. Sie sitzen auf einer breiten Steintreppe, die möglicherweise zu einem Denkmal gehört. Er liegt mit einem anderen jungen Mann vor den Sitzenden, wie man damals gern Gruppenfotos stellte. Den linken Arm hat er am Boden aufgestützt und lacht, ein blonder, gutaussehender junger Mann. Die jungen Soldaten, bartlos, sorgfältig gescheitelt, könnten Studenten sein, waren es wohl auch. Einer trägt sichtbar am kleinen und am Ringfinger Ringe, ein anderer einen Siegelring. Lässig sitzen sie da und lachen. Vermutlich hat der vorn liegende Vater einen Witz gemacht. Andere Fotos zeigen ihn mit Kameraden, Schnappschüsse aus dem Soldatenleben. Auf einem steht er in einem eben zusammengebrochenen Stockbett. Er steht da im Nachthemd, die Uniformmütze kess auf dem linken Ohr. Lustig ist das Soldatenleben, valleri, vallera. Strohgedeckte Katen, Bauersleute in Russenkitteln, Soldaten beim Essenfassen, ein Pferdegespann, behängt mit Stahlhelmen, diesen etwas größeren deutschen Stahlhelmen aus dem Ersten Weltkrieg mit den beiden seitlichen warzenförmigen Luftlöchern. Es war ein Leben, das wohl viele der Achtzehn-, Neunzehnjährigen führen wollten: Abenteuer, Kameradschaft, frische Luft, Schnaps und Frauen, vor allem keine geregelte Arbeit – das spricht aus den Fotos.

Wenn man nach dem Beruf des Vaters fragt, kann ich darauf keine eindeutige Antwort geben: Präparator, Soldat, Kürschner.

Dem Kind, mir, erzählte er gern, nahm sich Zeit, war ein Weltdeuter. Am Beispiel von Historiengemälden, die als Zigarettenbilder zum Thema Geschichte im Umlauf waren: der Alte Fritz unter einer Brücke sitzend und seinem Windspiel die Schnauze zuhaltend, während über die Brücke die feindlichen Husaren reiten; Seydlitz, in der Schlacht bei Roßbach, wirft seine Tonpfeife zum Angriff in die Luft; die Leiche Karls des XII. von Schweden wird von Offizieren aus der Schlacht getragen. Dem Gerücht nach war er von eigenen Soldaten erschossen worden. Geschichten und Anekdoten. Der Vater hatte sehr gute geschichtliche Kenntnisse, konnte die Episoden vor allem lebendig schildern. Aber dann, als das Nachfragen hätte beginnen können, hatten wir uns schon zerstritten. Als ich sechzehn war, begann ein hartnäckiger, immer gehässiger werdender Kampf zwischen uns. Eine enge rechthaberische Strenge von seiner Seite, ein verstocktes Schweigen von meiner Seite, ausgelöst durch die hassenswerten Regularien des Alltags: keine Jeans, kein Jazz, abends um 10 Uhr zu Hause sein. Was alles verboten, was verlangt, was geregelt war. Ein Regelsystem, das mir nicht einleuchtete und dessen Widersprüchlichkeit zu offensichtlich war. Nicht nur, weil ich – älter geworden – ihn kritisch zu sehen anfing, sondern weil sich auch die Lebensumstände verändert hatten. Sein Auftreten entsprach nicht mehr den Jahren Anfang der Fünfziger, in denen es ihm wirklich gutging, er es *geschafft* hatte, 1951 bis '54. Das waren die drei, vier Jahre seines Lebens, in denen deckungsgleich war, was er darstellen wollte und was er war. Es war das Wirtschaftswunder bei uns zu Hause. Geschafft, endlich geschafft. Die Wohnung eingerichtet, ein repräsentatives Auto, seegrün, Marke *Adler*, viertürig, Modell von 1939, mit der ersten Lenkradschaltung. Zu der Zeit gab es in Hamburg noch derart wenige Autos, daß die Verkehrspolizisten, die in ihren weißen Mänteln am Dammtor standen, ihn grüßten, wenn er vorbeifuhr. Zu Weihnachten verschenkte er Zigarettenpackungen, von der Mutter eingewickelt in Goldpapier, mit silberner Schleife und einem kleinen hineingesteckten Tannenzweig. Er fuhr durch die Stadt zu den Kreuzungen, wo ein Polizist den Verkehr regelte, hielt kurz neben dem auf einem kleinen Podest stehenden Beamten und reichte ihm das Päckchen raus. *Frohes Fest.* Dafür winkten sie ihn das Jahr über durch und grüßten kurz mit der Hand am Mützenschirm.

Der Vater mochte gern militärisch gegrüßt werden. In Coburg, wohin meine Mutter und ich evakuiert worden waren, kam er auf *Fronturlaub* und nahm mich mit in die Kaserne. Meine Mutter hatte mir silberne Achselstücke auf den Kindermantel genäht. Kurz vor der Kaserne ließ er mich vorangehen. Die Posten präsentierten das Gewehr und grinsten. Ich lernte die Hacken zusammenschlagen und einen Diener machen. Lustig hat das ausgesehen, erzählten mir Jahre später, als ich schon erwachsen war, Verwandte und Freunde, richtig zackig hätte ich das gemacht.

Das war einmal ich, der Fünfjährige in seinem grauen Mäntelchen, der die Hacken zusammenschlug und einen Diener machte. Der Geruch nach verschwitztem Leder, das war der Vater. Ein fremder Mann in Uniform liegt eines Tages im Bett meiner Mutter. Das ist die erste Erinnerung an den Vater. Am Boden stehen die Langschäfter, deren Lederstulpen umgeknickt sind. Auf dem Nachttisch liegt, eine genaue Erinnerung, eine Pistole mit Koppel. Ich sah ihn mit offenem Mund daliegen und schnarchen. Er war auf Urlaub gekommen. Rieche ich an dem Armband meiner Uhr, ist er wieder da, dieser Geruch nach verschwitztem Leder, und er, der Vater, ist mir körperlich nah wie durch keine der bildhaften Erinnerungen.

Und dann, eines Tages, redeten die Erwachsenen auf mich ein, verboten mir, was ich doch eben erst gelernt hatte: die Hacken zusammenzuschlagen. Und Heil Hitler zu sagen. Hörst du. Auf keinen Fall! Das wurde dem Kind leise und beschwörend gesagt.

Es war der 23. April 1945, und die amerikanischen Soldaten waren in die Stadt eingerückt.

Wer hatte mir das beigebracht, das *Hackenzusammenschlagen*? Nicht meine Mutter, mit der ich damals in Coburg lebte. Gegen das, was sich mit dem Militär verband, den Drill, das Kriegsspiel und den Krieg, hatte die Mutter eine tiefe Abneigung – nicht erst seit dem Tod des Sohnes –, und doch übte das Erscheinungsbild, die Uniformen, eine gewisse Faszination auf sie aus. Aber das Hackenzusammenschlagen wird sie mir nicht beigebracht haben. Vermutlich war es der Vater, der auf Urlaub gekommen war, oder es waren all die anderen Militärs, die Nazifunktionäre, die bei Frau Schmidt, Witwe des Kreisleiters, bei der wir wohnten, ein und aus gingen.

Der Russe, sagte Frau Schmidt, wenn der mal kommt, dann nehm ich mir einen Strick.

Brief des Bruders an den Vater vom 11.8.43:
Wenn nur Rußland bald kaputt wäre. Man müßte eben
das 10fache an SS-Divisionen haben wie jetzt. Ich glau-
be es wäre dann schon so weit, aber wir schaffen es eben
noch nicht dieses Jahr.
Bei mir ist immer noch alles beim alten, gesund bin ich,
zu essen habe ich auch, bloß die Sorgen an zu Hause
bleiben dann, täglich werden hier Fliegerangriffe der
Engländer gemeldet. Wenn der Sachs bloß den Mißt
nachlassen würde. Das ist doch kein Krieg, das ist ja
Mord an Frauen und Kinder – und das ist nicht human.
Hoffentlich bekomme ich bald Post von Dir und Mut-
ti, aber schreibe der Mutti, sie soll keine Päckchen mehr
schicken, es wäre schade, wenn was verloren geht und
ich habe genug. Soll lieber unser süßer kleiner Uwe das
Zeug essen. Nun lieber Papi sende ich Dir die besten
Grüße und wünsche Dir alles Gute.
Dein Kamerad Karl-Heinz

Es sind keine Fotos, die gehenkte Russen zeigen oder
die Erschießung von Zivilisten, sondern ganz *alltäg-*
liche, die sich auch in dem Fotoband des Vaters finden
und zerstörte Häuser, Straßen, Städte zeigen. Ist das
Charkow? Der Bruder war an der Rückeroberung von
Charkow beteiligt. 1943. Selbst wenn man unterstellt,
daß er an dem Mord an Zivilisten, Frauen und Kindern
durch die SS nicht beteiligt war, weil er bei einer Pan-
zereinheit diente, so muß er doch mit den Opfern der
Zivilbevölkerung konfrontiert worden sein, den Hun-
gernden, Obdachlosen, den durch Kampfhandlungen
Vertriebenen, Erfrorenen, Getöteten. Von ihnen ist
nicht die Rede, vermutlich erschien ihm dieses Leid,

27

diese Zerstörungen und Todesopfer normal, also *human*.

In einem Brief schreibt General Heinrici, der 1941 ein Korps im Mittelabschnitt kommandiert, an seine Frau: *Man empfindet die zerstörende Gewalt des Krieges erst, wenn man sich mit Einzelheiten oder den menschlichen Schicksalen beschäftigt. Da wird man später allerdings wohl Bücher darüber schreiben können. In den Städten ist die Bevölkerung so gut wie restlos verschwunden. In den Dörfern sind nur Frauen, Kinder und Greise da. Alles übrige schwimmt, losgerissen von seiner Heimat, im riesigen Rußland umher, liegt nach Gefangenenaussagen zu Menschenklumpen geballt auf den Bahnhöfen und bettelt die Soldaten um ein Stückchen Brot an. Ich glaube, die Opfer, die der Krieg unter diesen Entwurzelten durch Krankheit bzw. Überanstrengung fordert, sind ähnlich groß wie die blutigen Verluste.*

Tagebucheintragungen des Generals Heinricis
Ich sag Beutelsbacher, er soll Partisanen nicht 100 m vor meinem Fenster aufhängen. Am Morgen kein schöner Anblick.

Grjasnowo 23. November 1941
Nach Abschluß der Besprechung Gedenkfeier für unsere Gefallenen, denn heute ist Totentag (…) Darauf Spaziergang bis zum »Toten Russen«. Ein Zielpunkt der Wanderung, wie er nicht alltäglich ist. Dort liegt ein solcher unbeerdigt u. gefroren seit Wochen im Schnee. Ich muß ihn durch die Einwohner bestatten lassen.

Sie war schon alt, die Mutter, 74 Jahre, als sie in einen Bus stieg, mit einer Reisegesellschaft nach Rußland fuhr, eine Reise, die durch die DDR, Polen, Weißrußland nach Leningrad führte und von dort über Finnland und Schweden zurück. Sie hatte die ganz und gar unbegründete Hoffnung, bei dieser Gelegenheit einen Abstecher machen zu können, um das Grab meines Bruders zu besuchen oder doch zumindest in die Nähe des Grabs zu kommen. Das war ihr Wunsch, einmal das Grab zu besuchen. Den Heldenfriedhof Snamjenka in der Ukraine. Die Grabnummer: L 302.

Der Junge, der sich so sehnlich Stiefel wünschte, und zwar Schnürstiefel, die bis zur Wade reichten. Den Dienst in der Hitlerjugend mochte er nicht. Er mußte mehrmals strafexerzieren. Sein Fähnleinführer ließ ihn auf der Straße zwischen den vorbeigehenden Passanten robben. Er erzählte zu Hause nichts davon, bis ihn einmal ein Bekannter der Familie auf der Straße herumkriechen sah und es den Vater wissen ließ. Der beschwerte sich bei einem HJ-Gebietsführer. Daraufhin mußte der Bruder nicht mehr nachexerzieren.

Verträumt war er als Kind, als Jugendlicher, abwesend, und manchmal verschwand er eben, erzählte die Mutter, wie von Geisterhand weggeführt. Er schwieg, und man wußte nicht, was in seinem Kopf vorging. Er war brav. Ein braves Kind, sagte sie. Ein stilles Kind. Verträumt. Aber das sagte sie auch von mir, und vielleicht stimmt es sogar aus ihrer Sicht. Meine Verschwiegenheit erhielt ihr das brave Bild von mir. Die Eltern vermuteten mich in der Jugendgruppe eines Hamburger

Briefmarkenvereins, während ich durch die Straßen von Sankt Pauli lief, dem Viertel, das so ganz unheilig war, mit seinen Spielkasinos, Bars und Bordellen. Es war die Gegenwelt zu Daheim, dieser stillen, geordneten Wohnung, in der vor meinen Ohren nie und auch sonst wohl kaum über Sexualität gesprochen wurde. Ich lief durch die Talstraße und sah die Frauen in den Hauseingängen stehen, die betrunkenen Matrosen, sah die Striptease-Lokale, die Bars, die Kneipen, den *Silbersack*, das war eine Kneipe, von der mein Vater erzählte, dort träfe sich der *Abschaum* der Menschheit, Schmuggler, Schieber, Rauschgiftsüchtige, Glücksspieler und die *Käuflichen*. Meine Neugierde auf den *Abschaum* war groß. Der Lärm, das Gelächter, das kreischende Lachen der Frauen, das aus dem *Silbersack* drang, war eine Verlockung, so nahe und doch unerreichbar. Als ich mich einmal länger an der Tür herumdrückte, kam der Türsteher und sagte, komm, verschwinde, Kleiner. Diese Einblicke, die es zu erhaschen galt, Frauen, die unter ihren Mänteln nur Unterwäsche, Seidenstrümpfe, Strapse trugen und hin und wieder, kam ein Mann vorbei, die Mäntel öffneten.

Kein Traum ist in dem Tagebuch erwähnt, kein Wunsch, kein Geheimnis. Hatte der Bruder eine Freundin? War er schon einmal mit einer Frau zusammen gewesen? Diese Sensation, den anderen Körper zu spüren, Nähe, eindringliche Nähe, den eigenen Körper im anderen zu spüren, sich in ihm, also durch ihn zu spüren, um so die Auflösung seiner selbst im anderen zu erfahren.

In dem Tagebuch ist ausschließlich vom Krieg die Rede, von der Vorbereitung auf das Töten und dessen Perfektionierung durch Flammenwerfer, Minen, Zielschießen. Einmal wird ein Varieté erwähnt, einmal ein Theater, einmal ein Film, den er sich in einem Fronttheater angesehen haben muß. *April 24. Brückenbau – unsere Panzer kommen. April 30. Kino Der große Schatten.*

Kein Kommentar. Hat ihm der Film gefallen?

Um eine eigene Geschichte und um die Erfahrbarkeit eigener Gefühle betrogen, bleibt nur die Reduktion auf Haltung: Tapferkeit.

In der kleinen Pappschachtel, die meiner Mutter nach seinem Tod zugeschickt wurde, findet sich das Foto einer Filmschauspielerin, Hannelore Schroth. Ein sanftes, rundes Gesicht, braune Augen, dunkelbraunes Haar, volle Lippen, die seitlich Grübchen abschließen.

Der große Schatten.

9.10.43
Meine liebe Mutsch
Dem Papa habe schon geschrieben daß ich schwer verwundet bin
Nun will ich auch Dir schreiben daß man mir beide Beine abgenommen hat.
Du wirst Dich wundern über die Schrift aber in der Lage in der ich liege geht es nicht besser.
Nun denke nicht sie haben mir die Beine bis zum Hintern abgenommen. Daß rechte Bein ist 15 cm unterm Knie abgenommen und daß linke 8 cm überm Knie

große Schmerzen keine sonst würde ich gar nicht schrei-
ben
Liebe Mutsch nun weine deswegen sei Tapfer ich werde
mit meinen Prothesen genau so laufen können wie frü-
her außerdem ist der Krieg für mich aus und Du hast
Deinen Sohn wieder wenn auch schwerbeschädigt
Es werden woh noch ein paar Wochen dauern bis ich
nach Deutschland komme ich bin noch nicht transport-
fähig
nochmals liebe Mutsch mach Dir keinen Kummer und
Sorgen und weine nicht Du machst mir nur das Leben
schwer.
Es grüß Dich Hanne und Uwe
sag dem Uwe nichts davon wenn ich dann mit Prothe-
sen komme in 1–2 (unleserlich) *dann denkt ich habe sie*
immer schon gehabt.
Viele Grüße Dein
Kurdelbumbum

Das ist mit Bleistift geschrieben in einer verzerr-
ten, teilweise überdimensioniert großen Schrift, wahrscheinlich unter dem Einfluß von Morphium. Am
19.9.43 war er am Dnjepr verwundet worden. Er muß
eine Nacht dort gelegen haben, mit zerfetzten Beinen,
die ihm Kameraden notdürftig abgebunden hatten.

Die Mutter hatte in der Nacht geträumt, ein Päckchen
sei mit der Post gekommen, und als sie es öffnete, war
darin Verbandszeug, und als sie das auswickelte, die
langen, langen weißen Verbandsstreifen, fiel ein Strauß
Veilchen heraus.

Diesen Traum hatte sie tatsächlich in der Nacht seiner Verwundung. Freunden und Verwandten hatte sie davon erzählt, voller Angst. Das Telegramm mit der Nachricht von der schweren Verwundung kam erst Tage später – fast gleichzeitig mit der Nachricht von seinem Tod.

Einmal abgesehen von kleinen, nicht ganz ernst gemeinten – aber man weiß ja nie – Ritualen der Alltagsmagie, wie dem Bespucken eines gefundenen Geldstücks oder dem dreimaligen Klopfen auf Holz, hatte sie eine Abneigung gegen jede Spökenkiekerei, gegen jeden Aberglauben. Wenn sie jedoch von diesem Traum sprach, sagte sie, es gibt Dinge zwischen Himmel und Erde, von denen wir nichts wissen. Sie zog für sich daraus den Schluß, nicht weiter darüber nachzugrübeln, keine anderen Menschen damit zu behelligen. Aber sie war sich dessen sicher: Es gab eine wortlose Form der Verständigung, die über räumliche und zeitliche Grenzen hinausreichte.

Sehr geehrte Frau Timm!
Folgende Eigentumssachen Ihres Sohnes, des am 16.10.1943 gefallenen SS-Sturmmannes Karl-Heinz Timm, sind hier eingegangen:
10 Lichtbilder
1 Kamm
1 Tube Zahnpasta
1 Päckchen Tabak
1 Notizbuch
1 Verw.-Abz. schwarz
1 Verleihungsurkunde zum E.K. II
1 Besitzzeugnis zum Verw.-Abz. schwarz

1 Telegramm
versch. Briefe und Briefpapier
Diese Gegenstände werden Ihnen anliegend überreicht.
Heil Hitler!

gez. (unleserlich)
SS-Obersturmführer (F)

In den Akten, Berichten, Büchern der Zeit finden sich immer neue Abkürzungen, unverständliche, rätselhafte Buchstaben, meist in Versalien, hinter denen sich die hierarchischen Ordnungen verbergen und zugleich offenbaren, als bürokratische Drohung.

Ein Obersturmführer hat den Rang eines Oberleutnants, aber was heißt dieses (F)?

Die Briefe meines Bruders, die Orden, sein Tagebuch hat die Mutter in der kleinen Pappschachtel aufgehoben. Die Schachtel lag fünfzig Jahre in der Schublade ihres Frisiertischs. *Nonchalance* hieß die Seife, die sie benutzte und von der sie stets mehrere Stücke in der Schublade verwahrte, wie auch das Kölnisch Wasser und ihr Parfum. Es war ein ganz unverwechselbarer Geruch, der am längsten von ihrem Körper blieb und noch immer ein wenig dieser Schachtel und dem Tagebuch anhaftet.

Die Briefe, die der Bruder meiner Mutter und dem Vater geschrieben hatte, habe ich geordnet und in Kuverts gesteckt, die jetzt Aufschriften tragen. *Der Brief mit den getrockneten Nelken. Der Brief mit dem MG-Bericht.*

34

Was vom Bruder immer wieder erzählt wurde: der Junge, der eines Tages seine Briefmarkensammlung verschenkte. Er hatte nicht einmal etwas dafür eingetauscht, wie der Vater stolz erzählte. Der Junge, der sich um einen Axolotl kümmerte. Der Junge, der so verträumt und darum ein schlechter Schüler war. Wie er einmal als ganz kleiner Kerl vom Fünfmeterbrett in der Badeanstalt gesprungen ist. Klettert die Leiter hoch und springt einfach runter. Bravo, ruft der Vater, der gesagt hatte, los, steig doch mal rauf. Einfach springen. Der Junge, der so gut Schlagball spielen konnte. Der Junge, bei dem Herzflimmern festgestellt wurde und der zur Kur nach Bad Nauheim kam. Dort steht er mit einem Jungen in seiner Größe und seinem Alter. Zwölf oder dreizehn werden sie alt sein. Sie stehen da und haben die Arme um die Schultern gelegt, die Gesichter einander zugewandt, so blicken sie sich an, gelöst und mit einem feinen Lächeln. Heinrich hieß der Junge, und die Mutter behauptete, der sei sein bester Freund gewesen.

Er selbst, sein Leben, spricht nur aus den wenigen erhaltenen Briefen und aus dem Tagebuch. Das ist die *festgeschriebene* Erinnerung.

Sein Lieblingsessen war Kartoffelmus mit Spiegeleiern und Spinat. In das Gelb des noch flüssigen Dotters träufelte die Mutter heiße Butter. Rosenkohl mochte er und sagte als Kind: Rosenköhler. Wenn er krank war, wünschte er sich Milchreis mit Zucker und Zimt.

Er trank nicht, rauchte nicht. Bis er an die Front kam. Die Zigaretten schickte er dem Vater. Aber jetzt trank er, feierte die Nacht durch, am Morgen ein Appell. *Exerzieren im blauen Zustand.* So wurden die Jungs *geschliffen.*

Das Tagebuch erzählt nichts von Gefangenen. An keiner Stelle schreibt er darüber, daß Gefangene gemacht wurden. Entweder wurden die Russen sofort getötet, oder die Russen ergaben sich nicht. Eine dritte Möglichkeit ist, daß er es nicht für erwähnenswert hielt. *75 m raucht Iwan Zigaretten, ein Fressen für mein MG.*

Heinrich Himmler in einer Ansprache an Männer der Waffen-SS in Stettin, am 13. Juli 1941, drei Wochen nach dem Einmarsch in die Sowjetunion: *Dies ist ein Weltanschauungskampf und ein Kampf der Rassen. Bei diesem Kampf steht hier der Nationalsozialismus, eine auf dem Wert unseres germanischen, nordischen Blutes aufgebaute Weltanschauung, steht eine Welt, wie wir sie uns vorstellen: schön, anständig, sozial gerecht, die vielleicht im einzelnen mit manchen Fehlern noch behaftet ist, aber im ganzen eine frohe, schöne, kulturerfüllte Welt, so wie unser Deutschland eben ist. Auf der anderen Seite steht ein 180-Millionen-Volk, ein Gemisch aus Rassen und Völkern, deren Namen schon unaussprechlich sind und deren Gestalt so ist, daß man sie bloß ohne jede Gnade und Barmherzigkeit zusammenschießen kann.*

War seine Einheit, das IV. Panzerpionierbataillon der Totenkopfdivision, bei sogenannten Säuberungen eingesetzt worden? Gegen Partisanen, Zivilisten, gegen Juden?

Ausgebombt und kurz darauf der Junge gefallen. Das war der Schicksalsschlag der Familie, und das war der Krieg. *Alles vernichtet.*

Brief des Vaters an den Sohn Karl-Heinz
Ffo. den 6. August 43
Mein lieber, guter Karl-Heinz!
Heute bin ich von einem Wochenendurlaub aus Hamburg zurückgekehrt, dieser Wochendurlaub hat sich über beinahe 14 Tage ausgedehnt, weil inzwischen durch einen 4 maligen Fliegerangriff unser schönes Hamburg total zerstört ist. Mindestens 80% von Hamburg ist Schutt und Asche. Ich war gerade mit Mutti vom Bahnhof um 1 Uhr nachts nach Hause gekommen, da hatten wir um 1 ¼ Uhr Alarm, da ich hörte, daß die feindl. Flugzeuge Großeinsatz flogen, brüllte ich alles was in den Betten lag, herunter, in den Luftschutzkeller und kaum 20 Minuten darauf hatten wir schon eine Sprengbombe im Haus. Der Tommy berieselte alles mit Phosphor und es brannte an allen Ecken und Enden. Von unserem Haus stehen nur noch ein paar Mauerreste.

Der Vater, der zufällig auf *Fronturlaub* da war, und die Schwester, damals 20 Jahre alt, hatten, die obere Etage des dreistöckigen Hauses brannte schon, sich ein paar Dinge gegriffen, einen Rauchtisch, einen Stuhl, einen Koffer aus der Kammer, ein paar Handtücher, ein Plumeau, zwei Porzellanfiguren, einen Porzellanteller und eine kleine Kiste, in der meine Schwester Wertsachen vermutete, tatsächlich war darin der Christbaumschmuck.

Sie hatten die Dinge ergriffen, wie sie gerade standen oder lagen, schon stürzten Balken und Mauerteile herab. Sie trugen sie auf die Straße, wo all die anderen Bewohner standen, darunter die Mutter, das Kind, mich, auf dem Arm.

Ringsum brannten die Häuser.

Das andere sind Erzählungen: Wie die Schwester versucht hatte, Wäsche zu retten und vom Vater zur Seite gestoßen worden war, als ein Balken herabstürzte. Wie die Scheiben in der zweiten Etage des Mietshauses eine nach der anderen durch die Hitze platzten. Wie ein alles verdunkelnder Ascheregen vom Himmel fiel. Und in dieser Asche war auch das, was man über all die Jahre gespart und angeschafft hatte – jetzt legte es sich schmutziggrau auf das Haar und auf die Bluse. Es war ein heißer Sommertag gewesen, der 25. Juli 1943.

Ein anderes deutliches Bild, mit dem Erinnerung einsetzt: die riesigen Fackeln, rechts und links der Straße, die brennenden Bäume.

Und dieses: In der Luft schweben kleine Flämmchen.

Die Gefahr, glättend zu erzählen. *Erinnerung, sprich.* Nur von heute aus gesehen sind es Kausalketten, die alles einordnen und faßlich machen. Dieses Bild: Das Kind, ich, damals drei Jahre alt, ist in einen Kinderwagen gelegt worden, zugedeckt mit nassen Handtüchern, und wird durch die Osterstraße geschoben.

Die in der Luft schwebenden Flämmchen fanden erst später im Erzählen ihre Erklärung. Es waren die vom

Feuersturm aus den brennenden Häusern gerissenen Gardinenfetzen.

Noch Jahre nach dem Krieg, mich durch meine Kindheit begleitend, wurden diese Erlebnisse immer und immer wieder erzählt, was das ursprüngliche Entsetzen langsam abschliff, das Erlebte faßbar und schließlich unterhaltend machte: Wie die ältere Schwester und der Vater erst die Habseligkeiten auf die Mitte der Straße gestellt hatten, wie sie dann das Kind, mich, in die Kinderkarre gelegt und mit Handtüchern zugedeckt hatten, Handtücher, die sie an einem geplatzten Wasserrohr angefeuchtet hatten, wie die Eltern und die Schwester, die wenigen geretteten Sachen auf der Straße stehenlassend, die Osterstraße hinunter Richtung Schulweg gelaufen waren, rechts und links die brennenden Häuser, besonders die rechte Straßenseite brannte, bis hin zum Lastrupsweg, brennende Häuser, wie sie in den überfüllten Luftschutzkeller geflüchtet waren, wo die Menschen saßen, sonderbar gefaßt, wie der Vater sich noch in derselben Nacht bei einem Luftwaffenstab gemeldet hatte und wie sie ihn dann nach den zwei Tagen, an denen abermals Angriffe geflogen worden waren, bei Verwandten wiedergetroffen hatten, unrasiert, übernächtigt, in seiner verdreckten weißen Sommeruniform. Was er und die anderen erzählten: Menschen, die in den Kellern der ausgebrannten Häuser an Wasserleitungen geklammert gefunden wurden und beim ersten Luftzug zu Staub zerfielen. Andere waren hinausgelaufen und, vom Feuersturm erfaßt, in die brennenden Viertel hineingerissen worden, wiederum andere waren mit brennenden Kleidern in Kanäle

39

gesprungen. Phosphor aber brannte auch auf dem Wasser.

Der Luftschutzkeller, in den meine Mutter mit meiner Schwester und mir gelaufen war, lag an der Ecke zum Schulweg, in dem Haus des Lederwarengeschäfts *Israel*. Das Geschäft existiert noch heute. 1938, erzählte meine Mutter, hingen große Schilder an den Schaufensterscheiben: *Achtung! Trotz des Namens, der Besitzer ist rein arisch! Ihr Leder-Israel.*

Auch das ist eines der frühen Bilder: die Menschen in dem Luftschutzraum. Ein alter Mann weint. Eine Frau hält auf dem Schoß einen Vogelbauer, in dem ein Vogel aufgeregt hin- und herspringt. Ein anderer Vogel liegt am Boden des Bauers auf dem Rücken, als wäre er eben von der Schaukel gefallen.

Brief des Bruders an den Vater
17.8.43
Heute morgen kam nun der Brief und ich kann es gar nicht fassen, daß 80% von Hamburg hin sein sollen, mir standen trotzdem man sehr hart geworden ist, die Tränen in den Augen. War doch das Heim, zu Hause, das woran man halt Freude und Erinnerung hatte und dieser unersetzliche Schatz soll hin, soll weg, vernichtet sein.

Juden war das Betreten des Luftschutzraums verboten.

Ich habe mir einen Luftschutzbunker angesehen, auf dem nach dem Krieg ein Einfamilienhaus gebaut worden war. Freunde hatten es gekauft. Der Abstieg war wie ein Rückstieg in die Kindheit, das Feuchte, Beengende, Röhrenhafte, Labyrinthische, denn der Bunker war durch Stützwände unterteilt. Verrostete Entlüftunggsrohre liefen an der Wand entlang. Aufschriften: Rauchen verboten. Gasschleuse. Ein ganz eigentümlicher Abstieg, der abgesunkene Bilder mir vor die Augen brachte. Das Überraschende war, als das Licht ausging, leuchteten hell die weißen Wände, noch immer, sechzig Jahre nach dem Krieg, leuchteten die mit Phosphorfarbe gestrichenen Wände. Und erst langsam, sehr sacht, verloren sie ihre Leuchtkraft.

Beide Biedermeier-Porzellanfiguren, die vom Vater oder der Schwester aus dem brennenden Haus gerettet wurden, sind leicht beschädigt. Der einen, einer Schäferin mit einem Blumenkorb am Arm, fehlt eine Hand. Die andere stellt eine kleine Szene dar: Zwei Frauen in Biedermeierkleidern sitzen und lauschen einem Mann, der stehend vorliest, in der Linken hält er das Buch, mit der Rechten holt er unterstreichend aus. Das Buch wurde ihm aus der Hand geschlagen, auch die Finger der rechten Hand fehlen. In der Nachkriegszeit standen diese invaliden Figuren auf dem Bücherschrank, Denkmäler dessen, was die Eltern im Krieg verloren hatten.

Unbeschädigt hingegen, und das wurde immer wieder als ein Kuriosum erzählt, waren die Christbaumkugeln geblieben, die in einer Schachtel von der Schwester aus dem brennenden, einstürzenden Haus getragen worden waren.

Das Eigentümliche war, wie der Schock, der Schreck, das Entsetzen durch das wiederholte Erzählen langsam faßlich wurden, wie das Erlebte langsam in seinen Sprachformeln verblaßte: *Hamburg in Schutt und Asche. Die Stadt ein Flammenmeer. Der Feuersturm.*

Im Spätherbst 1943 wurden wir, meine Mutter und ich, nach Coburg zu Verwandten evakuiert.

Der Bruder hatte Kürschner gelernt. Er war gern Kürschner gewesen, erzählte die Mutter. Auch das Tagebuch bestätigt das. Es finden sich darin einige Zeichnungen, die unter anderem – rührend hilflos – den Entwurf für die Schaufensterdekoration eines Pelzgeschäfts zeigen.

Das war das Erstaunliche, er mochte offensichtlich den Beruf. Im Gegensatz zu mir, der auch Kürschner gelernt und ebenfalls mit der Gesellenprüfung abgeschlossen hatte, aber nur eines im Sinn hatte, etwas anderes zu tun – schreiben, lesen, ja, schon damals war es eine Schreibsucht, eine Lesesucht –, und auf keinen Fall wollte ich die Kürschnerei vom Vater übernehmen. Der Beruf langweilte mich, nachdem ich alles gelernt hatte, die Anfertigung von Persianer-, Nerz- und Nutriamänteln, Bibermänteln, das Entwerfen von Schnitten und Erstellen eines Schnittmusters. Ich hatte es so gut gelernt, daß ich am Schluß mit Auszeichnung die Gesellenprüfung bestand. Auch der Vater haßte das Geschäft, es war ein notwendiges Übel. Aber er war selbständig. Selbständigkeit, das war wichtig. Das war der Rest eines herrschaftlichen Gefühls. Er haßte auch den Beruf, den er nicht richtig beherrschte. Ein Zufallsberuf. Er hatte in einem Trümmergrundstück eine Pelznähmaschine gefunden. Aber dieses Finden war doch nicht nur ein bloßer Zufall, seine Arbeit als Präparator vor dem Krieg lenkte sicherlich seine Aufmerksamkeit auf diese Nähmaschine. Es war die Zeit, als viele Dinge heimatlos geworden waren und, aus dem ihnen bestimmten Zusammenhang herausgerissen, verloren in den Trümmern lagen.

In den zerstörten Häusern fanden sich Kupfer- und Bleirohre, Metallsorten, die später beim Altwarenhändler einen guten Preis erzielen sollten, auch Töpfe, Herde, Heizöfen, Drehbänke, Werkzeug, zuweilen bizarr verschmolzen. Und an den Straßen, den Rückzugstraßen der deutschen Armeen, lagen all die gestrandeten Gefährte, die zerschossenen Wehrmachtslaster, Gulaschkanonen und Geschützprotzen, die liegengebliebenen Personenwagen, aus denen die intakten Teile ausgebaut worden waren. Diese wurden eingespeist in den Tauschhandel, wobei sie sich ihr Äquivalent immer wieder neu suchen mußten, ein Tauschhandel, der sich tatsächlich auf Nachfrage und Angebot richtete, allenfalls an der Ungefährwährung der amerikanischen Zigaretten orientiert war.

Was wollte der Vater?

Es sind diese Wünsche wie auch die Abneigungen, gerade die nicht ausgesprochenen, die weiter reichen und, den Linien eines Magnetfeldes vergleichbar, unserem Handeln die Richtung geben.

Was wollte der Vater? Jedenfalls nicht Kürschner und noch weniger Präparator sein.

Was war sein Wunsch?

Nach der Zeit im Freikorps hat er sich in verschiedenen Städten aufgehalten. Er studierte Zoologie, obwohl er kein Abitur hatte. Wie, frage ich mich heute, hat er das gemacht, oder war das einfach erzählte, erfundene Biographie? Er hatte einige Zeit in Stuttgart gelebt, wo er gehungert haben muß, sich wochenlang von Karotten ernährte, bis er wegen Unterernährung zusammenbrach. Seine Schwester Grete, die ihn in Stuttgart besucht hatte, erzählte davon. Er stand der Organisation Consul nah oder war sogar deren Mitglied. Das behauptete seine Schwester Grete.

Novemberverräter. Dolchstoß. Systemzeit.

Organisation Consul war die Femegruppe der Freikorps. Sie war verantwortlich für die Morde an den sogenannten Vaterlandsverrätern Rathenau und Erzberger.

Einmal kam ein ehemaliger Kamerad aus dem Ersten Weltkrieg, mit dem er, gegen seine sonstige Gewohnheit, allein im Zimmer sprach. Ein hochaufgeschossener Mann, blaß, schmal das Gesicht, mit einer schrägen, blauroten Narbe über Nase und Stirn. Die geteilte Augenbraue war verwirbelt zusammengewachsen. Der Rittmeister, nannte ihn der Vater, ohne den Namen zu nennen. Auch die Mutter wußte nichts.

1921 hatte der Vater gemeinsam mit einem emigrierten zaristischen Offizier versucht, eine Spielwarenfabrik aufzubauen. Sie ließen von Arbeitslosen und Kriegsinvaliden Holzpferdchen anfertigen. Er dachte sich Werbesprüche aus, von denen mir nur einer jetzt wieder eingefallen ist: *Für die lieben Kleinen, damit sie lachen und nicht weinen.*

In dieser Zeit lernte er meine Mutter kennen, Tochter eines Hutmachers mit einer florierenden Hutfabrikation und einem Ladengeschäft, Besitzer einer kleinen Villa in der Tornquiststraße in Hamburg-Eimsbüttel.

Liebe, nicht auf den ersten Blick, wie sie sagte, aber doch recht bald, nachdem sie sich ein paarmal getroffen hatten. Zwischen den Treffen lagen jeweils ein oder zwei Wochen. Der Mann gefiel ihr, dieser große, schlanke Mann in seiner Litewka, einer Uniformjacke, die er ohne Abzeichen trug. Auf einigen Fotos ist er darin zu sehen. Als Hochstapler hätte er gut einen Preußenprinzen spielen können. Ein Foto zeigt ihn auf einem Faschingsfest als Husar verkleidet. Fast immer hält er eine Zigarette in der Hand, manchmal im Mund, wie man es heute nur noch von alten Filmplakaten kennt, ein wenig im Mundwinkel, ein lässiges kleines Lächeln, die Hände in den Seitentaschen der Litewka. Er hatte sonst kein Jackett, keinen Mantel, nur diese Uniformjacke, unter der er im Winter einen gestopften grauen Pullover trug. Er war ein Habenichts mit guten Manieren. Er hielt um die Hand der Tochter bei dem Hutmacher an, der sich einen vermögenden Schwiegersohn wünschte, aber dann doch seine Einwilligung gab. Kurz darauf machte der junge Mann mit der Spielzeugfabrikation, die man sich nicht groß vorstellen darf, bankrott. Der zaristische Offizier floh vor den Schuldnern nach Paris, der junge Mann wurde vom Schwiegervater entschuldet.

Die Mutter sagte, das war der Mann, der einzige.

Nicht, daß sie diese Diskrepanz nicht sah zwischen dem, was er darstellte, und dem, was er wirklich war.

Aber er hatte, trat er auf, stets einen Kredit, der zwar oft nicht ganz gedeckt war und den er wohl auch in den meisten Fällen nicht zur Deckung bringen konnte. Hätte er eine abgeschlossene Ausbildung gehabt, hätte er studiert, wäre er Rechtsanwalt geworden, intelligent und eloquent, wie er war, oder Architekt, ein Beruf, den er sicherlich gut hätte ausüben können – zeichnerisch begabt, mit einer genauen Raumvorstellung –, dann wäre ihm eine solide bürgerliche Existenz sicher gewesen. So aber war er immer nur von der Erscheinung her *mehr*, während er einer Beschäftigung nachgehen mußte, die er insgeheim verachtete.

Die Mutter sah diese Schwäche und versuchte sie auszugleichen, ohne ihn je in Gesellschaft bloßzustellen, nicht einmal durch ein Verziehen des Mundes oder der Augenbrauen. Nie hat sie abfällig über ihn geredet, auch wenn ich mich über ihn beklagte. Und es gab eine Zeit, da konnte ich nicht ohne Erregung mit ihm reden, kurz vor seinem Tod.

Sie hat zu ihm gehalten, ohne Zögern. Mein Mann, sagte sie oft, einfach nur: mein Mann, und mir gegenüber sagte sie: Vater.

Verheiratet zu sein war etwas Endgültiges, etwas Verläßliches, eine einmal eingegangene Bindung, die unauflöslich war.

Sie haben sich vor mir nie gestritten. Anlaß für Streit müßte es gegeben haben, denn sie, die Mutter, die einen genauen Sinn für das Machbare hatte, für das Reelle, die so wenig auf Äußerlichkeiten Wert legte, sich davon nicht blenden ließ, selbst bescheiden war, wird nicht übersehen haben, daß er über seine Verhältnisse lebte.

Es hat Diskussionen gegeben. Sie hat ihm ihre Meinung gesagt, ruhig und bestimmt. Aber sie haben sich vor mir nicht gestritten. Woran ich mich erinnere, ist ein mahnendes: *Das kannst du doch nicht machen, Hans. Das geht einfach nicht.*

Daß sich die Eltern scheiden lassen könnten, wofür es in meiner Schulklasse drei, vier Beispiele gab, oder daß sie auch nur getrennt voneinander leben würden, war für mich gar nicht denkbar. Sie gehörten zusammen, unverrückbar. Und auch nach seinem Tod sagte sie, die damals 56 Jahre alt war, das war der Mann, der einzige, den ich wollte, den ich hatte. Auch wenn ich mich genau prüfe, kann ich mich an keine lautstarke, heftige Auseinandersetzung erinnern, an kein Schmollen, vorwurfsvolles Schweigen, keine Gehässigkeiten, nicht von ihm, nicht von ihr. Dafür war die Rollenaufteilung zu eindeutig. Er bestimmte die ökonomischen Belange, die *Marschrichtung*. Sie regelte den Haushalt, war im Geschäft, beriet Kundinnen, half hin und wieder in der Werkstatt, fütterte Mäntel und kümmerte sich um das Kind, also um mich, den *Nachgeborenen*, den *Nachkömmling*.

Das Wort Emanzipation ergab für sie keinen Sinn. Wovon soll ich mich befreien? sagte sie zu einer Frau, die 1969 einen Frauenrat mitgegründet hatte und sich den Pelzmantel umarbeiten lassen wollte. Der Mantel, so etwas von dreckig, erzählte mir die Mutter später, und dann wollte die noch den Reparaturpreis runterhandeln. Von schönen Worten kann ich nicht leben, habe sie da gesagt, und: Ich arbeite, und dafür will ich bezahlt werden. Basta, so, sagte sie, und dann habe ich die Tür aufgehalten. Sie erschien mir, wenn sie energisch wurde, größer, als sie war.

Politik interessierte sie nur insoweit, als sie und ihre Familie in Ruhe gelassen werden sollten. Nie wieder dürfte es Krieg geben. Sie ging wählen, aber immer mit der Bemerkung, die machen doch, was sie wollen. Sie wählte linke Parteien, wohl auch meinetwegen. Von den *Rechten, der Mistbande,* hatte sie *die Nase voll.*

Sie ging in die Oper, ins Theater, ins Museum und las, was ich ihr empfahl. Aber ohne, daß das, was sie las, hörte, sah, sie verwandelt hätte. Sie tat es, einfach weil es *schön* war, *mal* in die Oper oder ins Theater zu gehen, denn dazu gehörte auch, daß man sich *schön* anzog, in der Pause ein Glas Sekt trank und an den nächsten Tagen von dem Abend erzählen konnte. Sie war nicht intellektuell. Kamen wir auf Besuch, zu Weihnachten, zu Geburtstagen, stürzten sich alle, die Kinder, Dagmar und ich, auf die Hefte der Regenbogenpresse, die sie aufhob.

Sie schickte sich in das, was war. Sie konnte sich einrichten in den beengten, ärmlichen Verhältnissen nach 1945 und lebte unaufwendig, als *das Geschäft gut lief.* Und die Wünsche? Die Wünsche richteten sich auf den Jungen, auf mich. Der Junge sollte es einmal gut haben. Und sie selbst? Keine Geldsorgen. Reisen. Das Geschäft sollte gut gehen. Die Hände taten ihr weh, die Augen. Sie klagte nicht, aber ich sah es, wenn sie mit dem in Kamillentee getunkten Wattebausch die Augen auswischte. Sie hatte den grauen Star und Angst, sie könne eines Tages nicht mehr nähen, nichts mehr sehen.

Mit 82 Jahren hat sie das Geschäft aufgegeben. Bis dahin hat sie gearbeitet, war jeden Werktag im Geschäft, machte die Buchführung, verkaufte, machte Anproben, fütterte Mäntel. Gelernt hatte sie es nicht. Sie war in die Arbeit hineingewachsen. So, wie sie aufgewachsen war, hätte alles ganz anders kommen sollen. Eine Tochter aus gutem Haus. Aber sie haderte nicht mit ihrem Schicksal.

Sie saß in den letzten Jahren, als sie das Geschäft nur noch mit meiner Schwester zusammen betrieb und es so *schlecht ging*, daß sie von ihrem Ersparten zuschießen mußte, sie saß, wenn ich sie besuchte, in diesem kleinen, hellen Raum, der die Werkstatt war, hinter dem Laden, und fütterte einen Pelzmantel. Es ist eines der deutlichen Erinnerungsbilder, wie sie dasitzt und näht. Vor dem Fenster steht eine Birke, deren hellgrüne Zweige bei Wind über die Scheibe wischen.

Nachmittags ging die Schwester und holte einen Kopenhagener oder ein Stück Butterkuchen, während die Mutter das Wasser aufstellte und deckte, Teller, Tassen mit Untertassen. Dann saßen sie da, tranken Kaffee und *machten es sich schön*. Abends gingen sie nach Hause und sprachen von Reisen, die sie machen wollte. Und sie begann tatsächlich zu reisen, sie, die bis zu ihrem sechzigsten Geburtstag nie aus Deutschland herausgekommen war, machte Busreisen nach Frankreich, nach Italien, nach England, nach Rußland. Die Fotos wurden nach der Reise zu Hause eingeklebt und beschriftet. Von diesen Reisen schrieb sie Karten, an Freunde, Verwandte, an mich. Wieder zu Hause, schrieb sie Briefe, fast jeden Tag. Es ist eine immer wiederkehrende Vorstellung, daß ich, wenn ich einmal nicht mehr konzentriert arbeiten kann, diese Briefe, Hunderte von Briefen, lesen werde, und ich denke, ich wäre getröstet.

38 Jahre war die Mutter, als sie mich zur Welt brachte. *Ein Brocken*, wie sie sagte, 5174 Gramm schwer. Sie war zart, klein, nur 1,61 m groß. Eine Spätgebärende, was damals recht ungewöhnlich war. Ein wenig habe sie sich geschämt, als man ihr die Schwangerschaft anzusehen begann, erzählte sie. Aber nie stand für sie in Zweifel, das Kind zu bekommen. Auch nicht für den Vater, behauptete sie.

Das Kind, das erste, kam 1922 zur Welt, eine Hausgeburt, und es war nicht der erwünschte Sohn, sondern ein Mädchen. Der Vater muß seine Enttäuschung nicht einmal verborgen haben. Er wünschte sich Söhne, Söhne, die seinen Lebenslauf würden korrigieren können. Söhne versprachen mehr Sicherheit, auch im Ökonomischen. Noch sein Großvater war Bauer gewesen in Langenhorn. *Timmweg*. Er hatte das Land an Wohnungsbaugesellschaften verkauft und das meiste Geld durchgebracht, Trinken und Frauen, wie auch sein Vater, der mit einem *Mensch* einfach verschwunden war. Das war mein Großvater, von dem alle Bilder vernichtet wurden. Eine Bildzerstörung. Über ihn wurde nicht gesprochen. Er sollte vergessen werden. Die Strafe durch Nichterinnern, Nichterwähnung.

Der Vater, erzählte die Mutter, hatte sich so sehr einen Jungen gewünscht, mit *dem Mädchen* hätte er nichts anfangen können, anders als mit dem zwei Jahre später geborenen Sohn, dem Karl-Heinz. Tatsächlich zeigt ihn keines der Fotos mit der Schwester in körperlichem Kontakt, nicht auf dem Arm, nicht an der Hand, nicht auf dem Schoß. Später, die Schwester lag im Krankenhaus, konnte nur noch mühsam reden, sagte sie, unser Vater – sie sprach mit mir immer von unserem Vater, unserer Mutter, was uns nicht nur grammatikalisch verbinden sollte –, *unser Vater hat mich immer abgelehnt. Im Gegensatz zu Karl-Heinz. Der war ganz der Vater.* Die Schwester stand in seinem Schatten. Kaum, daß ihre Wünsche bemerkt wurden, auch von der Mutter nicht, der sonst so zugeneigten, gerechten. Die Schwester sah der Mutter ähnlich, nur daß alles dunkler war, als Kind das Haar fast schwarz, dunkelbraun die Augen.

Sieht aus wie ein Zigeunerkind, hatte, als sie klein war, ein Nachbar gesagt. Die Mutter war empört und grüßte den Mann nie wieder.

Und der Nachkömmling? Mittelblond, die Gestalt des Vaters, ähnlich ihm auch in der Kopfform, im Haaransatz, dem Haarwirbel, den Händen, aber die Augen der Mutter, braun – ich.

Hanne Lore groß und getrennt geschrieben, darauf bestand sie, als könne diese besondere Schreibweise ihre Einmaligkeit beglaubigen. Sie hatte keine eigene Bestimmtheit ausbilden können, um ihre Wünsche verfolgen zu können. Nach der Schule machte sie eine Hauswirtschaftslehre, kam zum Arbeitsdienst. Und wäre beinahe ertrunken. Eine Führerin stieß sie in das tiefe Wasser eines Schwimmbeckens, was – es war Krieg – als Härteschock-Methode zum Schwimmenlernen gedacht war. Sie schrie, schluckte Wasser, tauchte unter, kam wieder hoch, sank auf den Beckengrund. Ein Bademeister rettete sie.

Ich gehöre zu denen, sagte sie, die einfach kein Glück im Leben haben. Sie machte auch weiter kein Aufhebens davon, stellte es eher lapidar fest, dieses *kein Glück im Leben*: Der erste Verlobte fällt als Infanterist in Rußland, sie lernt einen anderen Mann kennen, verlobt sich, der Mann kommt 1944 in russische Gefangenschaft. Sie wartet bis 1951, sieben Jahre lang, dann kommt die Nachricht, daß der Verlobte in einem russischen Lager gestorben sei. Sie verliebt sich in einen Mann, der dem Vater ähnlich sieht, groß, blond, gutaussehend, ein Mann, der ein Juweliergeschäft gepachtet hat und dessen beste Kundin sie wird, bis der Vater ihn aus dem Haus wirft. Sie trifft ihn heimlich und beschenkt Verwandte mit Silberbesteck, Löffeln, Gabeln und Messern, diese aber mit einer Schleife versehen, damit die Freundschaft nicht zerschnitten wird. Der Mann, bringt der Vater in Erfahrung, hat noch zwei andere Verlobte. Das schreckt sie nicht, sie läßt sich von ihm, dem Verkaufsgenie, eine Geschichte erzählen, die ihr verständlich macht, warum er die beiden anderen Verlobungen noch nicht aufgelöst hat.

So viel Dämlichkeit, sagt der Vater.

Aber sie war nicht dumm, sondern bis zur Blindheit verliebt. Sie wollte nicht sehen, sondern eben das – nur fühlen, sich selbst spüren, Zuwendung, Zärtlichkeit, ein Ernstgenommenwerden, auch wenn das von seiten des Mannes mit beruflichen Absichten verbunden war, dem Verkauf von Schmuck und Silberbesteck. Es war eine dieser alltäglichen Passionen, zugleich Protest, Auflehnung, Widerspruch, die das Kind staunend verfolgte und die weit wilder, dramatischer, radikaler verliefen als heute vergleichbare Konstellationen, weil das, *was sich gehörte* und *was sich nicht gehörte,* noch gesellschaftlich verbindlicher war. Man lief keinem Mann hinterher.

Was die Schwester tat, noch dazu im selben Viertel, das Juweliergeschäft nur eine Straße weiter gelegen, war ein Skandal. Eine Peinlichkeit für den Vater. Die Tochter lief mit einem Mann herum, von dem jeder wußte, daß der noch zwei andere Frauen hatte.

Schließlich verbat der Vater ihr, die immerhin schon 32 Jahre alt war, jeden Kontakt mit diesem Mann. Die Auftritte zwischen Vater und Tochter waren Geschrei, Heulen, Schluchzen, Türenschlagen, Gebrüll.

Sie ging aus dem Haus und in eine Arztfamilie als Kinderfrau und Hausgehilfin. Nach zwei Jahren kam sie zurück. Der Juwelier hatte inzwischen eine andere Frau geheiratet, die Tochter eines Fabrikanten von Fischkonserven.

Die Schwester kommt zurück und arbeitet als Pelznäherin, darin wird sie angelernt, im Geschäft des Vaters. Nach dem Tod des Vaters lernt sie einen persischen Juden kennen, dessen Familie einen Teppichhandel betreibt. Ein freundlicher Mann, der jahrelang um sie wirbt, den zu heiraten sie aber ablehnt. Sie mag ihn, aber auf eine distanzierte, ihn fernhaltende Weise. Sie geht mit ihm ins Kino, hin und wieder in die Operette, und an Sonntagen, wenn die Sonne scheint, fahren sie in die Innenstadt, essen zu Mittag, gehen spazieren, gehen in ein Café, und am späten Nachmittag bringt er sie nach Hause. So vergehen die Jahre.

Zum Geburtstag, zu Weihnachten schenkt er ihr

Goldstücke mit dem Schahbildnis, kleine und große, er schenkt ihr orientalische Stickereien und Messingteller und Messingkrüge – die Mutter findet das Zeug gräßlich. Ephraim heißt der Mann, der sowohl der Schwester wie der Mutter mit einer altertümlichen Höflichkeit, ja Ehrfurcht begegnet.

Einmal geht die Schwester mit zu einer Feier in die Synagoge, und einmal besucht sie die Familie.

Auf meine Fragen, warum sie nicht mit dem Mann zusammenzieht, sagt sie: Er gefällt mir eben nicht so, daß ich mit ihm zusammenwohnen kann.

An einem Novembertag liest die Schwester morgens in der Zeitung von dem nächtlichen Sturm über Hamburg, dem Hochwasser, den Unfällen auf der Straße. *In der Osterstraße (Eimsbüttel) stieß ein Wagen mit dem 50jährigen Hekmat H. aus New York am Steuer mit einer Taxe zusammen, die von Detlef L. (31) aus Norderstedt gelenkt wurde. Der Beifahrer des Amerikaners, der 62 Jahre alte Ibrahim H. aus Eimsbüttel, erlag noch an der Unfallstelle seinen schweren Verletzungen.*

Den Zeitungsausschnitt fand ich in dem kleinen Koffer, einem Kinderkoffer, in dem sie ihre persönlichen Dokumente verwahrte, ein paar Briefe, eine Verlobungsanzeige, Todesanzeigen, ein paar Fotos, darunter eines ihres Verlobten, den ich nie kennengelernt habe.

Es hätte alles anders kommen können, sagte sie. Doch sie sah schon früh keine Möglichkeit einer Korrektur. So lebte sie, bis sie krank wurde und operiert werden mußte. Sie war gerade 68 Jahre alt geworden. Sie bekam einen künstlichen Darmausgang. Anfangs war sie voller Scham und Angst, mochte nicht reisen. Dann, nach einigen Monaten, kam sie auf Besuch und konnte vor den Kindern Witze darüber machen, wenn sie bei Tisch deutlich hörbar Luft abließ. Na so was, sagte sie, tut man doch nicht. Ich kann nur noch mit den kleinen *Büdeln* reisen. Kam sie von der Toilette, trug sie ein wenig verlegen die Säckchen in Papier eingeschlagen hinaus und hinunter zur Mülltonne.

Einmal, als wir allein waren, weinte sie und sagte, es ist gräßlich.

Ich fuhr von Berlin nach Hamburg. Ich saß im Speisewagen und blickte hinaus, in die mir so vertraute Landschaft, Wiesen, Knicks, kleine Gehölze, Störche in einer versumpften Wiese, solitäre Eichen, schwarzweiß gescheckte Kühe, Backsteinhäuser, der Sachsenwald, die ersten einstöckigen Häuser mit Blautannen und Wäschespinnen in den Gärten, der Hauptbahnhof. Ich fuhr nach Eimsbüttel, ins Elim, das Krankenhaus, in dem ich geboren worden und die Mutter gestorben war.

Elim, eine Oase der Rast.

Es war dasselbe Sechsbettzimmer, in dem schon die Mutter gelegen hatte. Die Fenster standen offen, sacht bewegten sich die Gardinen. Es war ein ungewöhnlich heißer Sommertag.

Neben dem Bett der Schwester stand ein fahrbares Metallgestell, an dem der Tropf hing. In der blau angelaufenen Armbeuge steckte die Kanüle. Dünn war die Schwester geworden, schlaff hing das Fleisch an ihren Armen. Das Haar, das sie sich in einem leicht hellbraunen Ton färben ließ, war zerzaust und gut zwei Zentimeter grau nachgewachsen. Das Krankenhaushemd war verrutscht und gab etwas von der flach auf den Rippen liegenden Brust frei. Der Mund war greisenhaft eingefallen. Später sah ich ihr Gebiß in der Schublade des Nachttischs liegen.

Zuvor war ich in ihrer Wohnung gewesen. Sorgfältig hatte sie alles aufgeräumt und geputzt. Der Eisschrank war abgetaut. Eine zu zahlende Elektrizitätsrechnung lag auf dem Tisch im Korridor. Das Bett hatte sie für mich bezogen und so hergerichtet, wie es früher die Mutter getan hatte, dieses zu kurze Bett, in dem ich mit leicht angezogenen Beinen schlafen mußte.

Die Rechnung?

Habe ich bezahlt.

Unruhig war sie, die Hand strich immer wieder über das Bettuch.

Zu Hause ist alles in Ordnung, du kannst ganz ruhig sein.

Aber sie wollte reden, sie wollte erzählen, von sich, vom Vater, von mir.

Wie war ich? Solange man diese Frage noch beantwortet bekommen kann, ist man immer noch ein Kind.

Anders.

Wie anders? Einfach anders. Wie? Sie dachte nach, und nach einiger Zeit sagte sie: Du hast Löwen im Gebüsch gesehen. Und dann hast du mit dem Stock rumgefuchtelt. Alle haben gelacht. Nur der Vater nicht, der hat den Löwen mit dir gesucht. Sie dachte nach, und ihr war anzusehen, daß nicht nur das Sprechen ihr Mühe bereitete, sondern auch das Nachdenken, das Erinnern. Unser Vater war immer so fürsorglich, sagte sie, der Vater hätte diese böse Operation verhindert.

Aber es mußte sein, sagte ich.

Er hätte es nicht zugelassen. Er hat sich immer um mich gekümmert, sagte sie.

Sie wollte es so sehen, und ich sagte, ja und vielleicht.

Karl-Heinz, der an dem Vater hing, also *ein richtiger Junge* war. Auf diesen Jungen war er *stolz*. Wahrscheinlich war der Bruder ein so ängstliches Kind wie ich. So wie ich mich auch heute noch bei dem Gedanken ertappe: Los spring, jetzt. Und unten, weit unten ist das Wasser. Und niemand hat mir je erklärt, wie man abspringt, mit dem Kopf voran, aber nach vorn, nicht nach unten, sich abstoßen vom Brett, nicht fallenlassen. Ich bin einmal an einem regnerischen Tag, als kaum jemand im Freibad war, hingegangen, ohne etwas zu sagen, bin zum Fünfmeterbrett hochgestiegen und bin gesprungen. Das Zehnmeterbrett wartet noch auf mich. Ein Gefühl wie ein Befehl: *mutig sein*. Mutig sollte er sein, aber nicht tollkühn. Er beteuert, im Lazarett liegend, die Beine amputiert, in dieser durch Morphium verzogenen Sprache, er sei nicht waghalsig gewesen. Also selbst da, verstümmelt und mit dem Wissen eines für immer entstellten Lebens, einer Jugend, die keine mehr sein wird, selbst da ist er noch der tapfere, brave Junge.

In einem Brief an die Mutter hat der Bruder einen zweiten beigelegt, der an mich, den damals Dreijährigen, gerichtet ist.

22.7.43
Lieber Uwe!
Wie die Goldmutsch mir schrieb willst Du alle Russen totschießen und dann mit mir türmen. Also Bub, daß

geht nicht, wenn das alle machen würden? aber ich hof-
fe, daß ich bald nach Hause komme, dann spiele ich mit
Uwe.
Wir warten jetzt aufs Verladen, wir kommen an eine
andere Stelle der Ostfront.
Was machst Du denn den ganzen Tag? Brombeeren
futtern, was? Laß sie Dir nur gut schmecken.

Wie kommt ein dreijähriges Kind dazu, alle Russen totschießen zu wollen? Es war die selbstverständliche
Rede. Es könnte aber auch eine höchst indirekte müt-
terliche Aufforderung gewesen sein, zu desertieren, die,
wegen der Briefzensur, einem Kind in den Mund gelegt
worden war. Denn das ergibt keinen Sinn, wenn man
alle Russen totschießt, muß man nicht mehr türmen.

Die Lüneburger Heide. Der Totengrund. Schleswig-
Holstein. Bad Segeberg. Sonntagnachmittag. Das Spazierengehen um den See. Der Vater mit Hut und im
leichten Sommermantel, in der Hand die Lederhand-
schuhe, die Mutter im Kostüm, einem hellen Staub-
mantel, Garnhandschuhe, das Kind in hellen Hosen,
weißen Kniestrümpfen, so gingen wir am Seeufer spazieren. Die Erinnerung daran ist Lähmung, eine Lähmung beim Atmen, eine Lähmung beim Denken, eine
Lähmung der Erinnerung. Und noch etwas, oft wurde
auf diesen Sonntagsausflügen von *ihm* geredet, oder ist
dieses *oft* eine starke Übertreibung dessen, was wirklich war, nämlich ein hin und wieder, und hatte es sich
nur mir so eingeprägt, weil es immer auch ein Reden,
zumal wenn es sich nicht an mich richtete, war, das
mich in Frage stellte? Es war auch ein Infragestellen des

Lebens beider, der Eltern. Was wäre, wenn. Eine ganz überflüssige Frage, die aber immer auch auf den Fragenden zielt, inwieweit ihm die Dinge als veränderbar, dem Zugriff rationalen Handelns ausgesetzt erschienen. Wobei die Mutter dem Vater nie einen Vorwurf machte. Es hieß, er habe sich tatsächlich *freiwillig* gemeldet, der Vater hätte nicht zugeredet. Aber dessen bedurfte es auch nicht. Es war nur die wortlose Ausführung von dem, was der Vater im Einklang mit der Gesellschaft wünschte. Ich hingegen hatte eigene Worte finden können, Widerworte, das Fragen und Nachfragen. Und Worte, mit denen sich Traurigsein und Angst ausdrücken ließen – im Erzählen. Der Junge träumt und *tünt*. Tünen hieß lügen, flunkern. Das plattdeutsche Wort kommt, und trifft es recht gut, von flechten. Tatsächlich war es für den Jungen ein Zusammenflechten von Gehörtem und Gesehenem, um sich selbst und den Dingen eine ganz eigene Bedeutung zu geben.

Der ängstliche Junge. Der tapfere Junge.

Brief an den Vater *20.7.43*
Seit 5. Juli stand unser Zug Tiger nunmehr im Kampf bis heute, wo der Gegenstoß beendet ist, den Erfolg hast Du sicher in der Zeitung gelesen. Es waren schwere Kämpfe an manchen Stellen liegen russ., amerik., und engl. Panzer nur 50–100 m weit auseinander, manchmal 3 aneinander. Wir sind mit unserem Schützenpanzern mit T34 um die Wette gekurvt, bis der T34 einen von Panzer 3,4 oder Tiger verpasst bekommen hat. Ich werde Dir später alles schildern.
schreibe nichts Mutti.
Es grüßt dich Dein Kamerad Karl-Heinz

Der tapfere Junge hatte sich freiwillig zu einer Eliteeinheit gemeldet. Eine so ganz andere Elite als die, mit der er, der Vater, im Freikorps gekämpft hatte, das waren die feudalen, aristokratischen Reste gewesen, in deren Kreis man eintreten konnte, ohne jemals wirklich aufgenommen zu werden, also nur geduldet wurde. *Semper talis*, immer vorzüglich, war das Motto der Gardefüsiliere, das der Vater gern zitierte. Aber das war dieses, sein Leben, eben nicht: Vorzüglich. Das Wort Ehre – und so, wie er es betonte: *Das geht gegen die Ehre.*

In die Waffen-SS konnte eintreten, dessen Ahnenpaß belegte, daß es bis zu den Urgroßeltern keinen jüdischen Vorfahren gab. *Rein arischer Abstammung.* Der Stammbaum. Nobilität für das ganze Volk. Himmler, der 1928 eine Geflügelzucht betrieb, suchte Vorbilder für die SS im Mittelalter, Ordensburgen, Thingspiele, Ostsiedlung. Umvolkung. Ein lächerliches, albernes Wort, Umvolkung, das aber – in der Wirklichkeit – mörderisch war. Die Erwählten sollten rassisch definiert werden, das Volk, nicht die Schicht, die soziale, sondern das Blut, wie beim Adel, nicht das blaue, sondern das arische Blut, das deutsche, der Herrenmensch, der zum Herrschen berufene. Das Schwarze Korps. Die Elite. Und es hat durchaus System, daß die Leiter der Einsatzgruppen in der Sowjetunion – ausdrücklich von Himmler bevorzugt – Akademiker waren, acht waren Juristen, einer Universitätsprofessor, und SS-Standartenführer Blobel, Führer des Sonderkommandos 4a, verantwortlich für den Tod von 60 000 Menschen, war selbständiger Architekt. Zur Überraschung der verhörenden amerikanischen Offiziere waren diese Männer keine brutalen Primitiven, sondern literarisch, philosophisch und musikalisch gebildete Männer, die – man wünschte, es wäre nicht möglich – Mozart hörten, Hölderlin lasen. Sie hatten durchaus ein Unrechtsbewußtsein und darum auch alles unternommen, um das, was sie getan hatten, geheimzuhalten. Die Toten in der Schlucht von Babij Jar wurden, als die Rote Armee im Vormarsch auf Kiew war, von Häftlingen unter Aufsicht der SS *enterdet*, verbrannt, danach wurden die Häftlinge erschossen. Das zur Verbrennung benutzte Dieselöl wurde abgerechnet. Die Bürokraten des Todes. Otto Ohlendorf, studierter Ökonom, Chef der Einsatzgruppe D, Kenner von Statistiken, rechtfertigte die Tötung von 90000 Männern, Frauen und Kindern mit dem Vergleich, die Israeliten der Bibel hätten ihre Gegner ebenfalls ausgerottet. Der Herrenmensch. Es war der Größenwahn der Spießer, und noch dem letzten der sozial Deklassierten war zu vermitteln, es sei besser, mit einem Karabiner zwölf *Untermenschen* bei der Arbeit zu bewachen, als selbst zu arbeiten. Das war der Kitt dieser Herrenideologie. Der Mythos Blut und deutsch zu sein reichten aus, egal, ob man faul oder fleißig, dumm oder intelligent war, man gehörte zum Herrenvolk. Ähnlich dem Adel, mit dem der Vater im Baltikum konfrontiert worden war und der auf die Reinheit des Stammbaums achtete, war es hier die Volksgemeinschaft. Und darin, in dieser durch nichts als den Stammbaum verschworenen Gemeinschaft, die sich elitär über alle anderen Völker erhaben fühlte, war die SS, die Schutzstaffel, das Vorbild, ihren Mitgliedern wurde die Blutgruppe in den linken Oberarm eintätowiert. Was einerseits einer eher nüchternen Überlegung entsprang, nämlich bei Verwundungen sogleich die Blutgruppe zu erfahren, war in seiner tieferen Bedeutung Ausdruck einer Blutsbrüderschaft, einer Ideologie, die ständig und immer wieder mit dem Blut argumentierte, dem Stammbaum, der Zucht. Und sie war die reziproke Handlung zu der, die den Häftlingen in dem KZ eine Nummer auf den Unterarm tätowierte, zur Kenntlichmachung der aus der menschlichen Gemeinschaft Ausgestoßenen. Opfer und Täter waren gleichermaßen durch Nummern gezeichnet.

Und nichts, das ist die tiefe verzweifelte Erkenntnis, nicht Bildung, Kultur, nicht das sogenannte Geistige, hat die Täter vor den Untaten bewahrt. Und das, Jean Améry hat es in *An den Grenzen des Geistes* beschrieben, galt in seiner Verkehrung auch für die Opfer in den Lagern: Kultur, Bildung gab keine Stärkung, keinen Trost, konnte keinen Widerstand mobilisieren – nichts. Der Täter bekam, wie beispielsweise Heydrich, spielte er Violine, einen weichen, empfindsamen Mund.

Für das Opfer galt, was Jean Améry schrieb: »*Wie die Gedichtstrophe von den sprachlos stehenden Mauern und den im Winde klirrenden Fahnen verloren auch die philosophischen Aussagen ihre Transzendenz und wurden vor uns teils zu sachlichen Feststellungen, teils zu ödem Geplapper: Wo sie etwas meinten, erschienen sie trivial, und wo sie nicht trivial waren, dort meinten sie nichts mehr. Dies zu erkennen bedurften wir keiner semantischen Analyse und keiner logischen Syntax: ein Blick auf die Wachttürme, das Schnuppern nach dem Fettbrandgeruch der Krematorien genügte.*

Kein Versuch der Erklärung. Wie auch kein Schreiben, kein Satz hilft, im Sinne von Herleitung, Einordnung, Verstehen, sondern nur dieses – Notwehr gegen das Vorgefundene. Das Foto, das Lee Miller in Dachau, nach der Befreiung des Lagers durch die Amerikaner, aufgenommen hat, zeigt einen von Häftlingen ertränkten SS-Mann in einem Bach. Leicht verschwommen durch die Strömung des klaren Wassers, erkennt man das Gesicht und die gesprenkelte Tarnuniform wie aus einer bedrohlichen Tiefe. The evil, hat Lee Miller ihr Foto unterschrieben. Was, wenn der Bruder zur Wachmannschaft des KZ versetzt worden wäre?

Ausgesprochen haben die Eltern diese Frage nie. Und gedacht? Wenigstens das, denke ich, sie müssen es gedacht haben – und wie groß war ihr Schreck bei diesem Gedanken? Ausgesprochen und besprochen haben sie: Was wäre gewesen, wenn er sich nicht zur SS gemeldet hätte. Das war aber nicht die radikale Absage an den Krieg – die hätte Jahre früher erfolgen müssen –, sondern nur eine Variante in der militärischen Wertung, in der Wahl der militärischen Einheit, wenn er also einfach zur Wehrmacht gegangen wäre. Die Wehrmachtsverbände hatten weit weniger Verluste als die Waffen-SS. Und zudem: Die Wehrmacht hatte nichts mit diesen *schrecklichen Dingen* zu tun gehabt. In den fünfziger, in den frühen sechziger Jahren galt die Wehrmacht noch ganz selbstverständlich als *anständig*. Die Wehrmacht, das waren Soldaten, die *nur* ihre Pflicht getan hatten. Die Waffen-SS hatte mehr als nur ihre Pflicht getan. *Unsere Ehre heißt Treue* stand auf ihren Koppelschlössern. Wäre er doch zum Afrika-Korps gegangen. Das übersah natürlich – was die Eltern wußten –, daß man auch in Afrika beide Beine abgeschossen bekommen konnte. Vielleicht, so war ihre Überlegung, hätte das Schicksal in Afrika anders entschieden.

Tatsächlich war ein Wunsch des Bruders, im Afrika-Korps zu kämpfen. Rommel. Der Wüstenfuchs. Afrika. Eine romantische Vorstellung. In seinem Tagebuch findet sich die Zeichnung eines Löwen, der hinter einem Baum hervorspringt, Palmenblätter, eine Schlange am Boden. Der Löwe ist recht gut gezeichnet. Eine andere etwas naive Skizze zeigt die Schaufenster eines Geschäfts. Darüber steht: *Pelze Tiere Felle. Damen und Herrenkonfektion. Tierkopfformen. Tierpräparation. Tierbildhauerei.* Dann der Name des Vaters. *Hans Timm.*

Anfang 1929 eröffnete der Vater ein Geschäft für Tierpräparationen, nachdem er einige Jahre bei einem bekannten Hamburger Präparator gearbeitet hatte. Den Beruf hatte er nicht erlernt, sondern die Kenntnisse sich als Junge bei seinem Onkel in Coburg angeeignet. Er hatte einen genauen Blick für Bewegungen und Proportionen und damit ein ganz ungewöhnliches Talent, Tiere lebensnah auszustopfen. Die Fotos, auf denen die vom Vater präparierten Tiere zu sehen sind, belegen es, ein Zebra, ein Löwe, viele Hunde, insbesondere ein Gorilla. Verschiedene Fotos zeigen den Fertigungsprozeß, wie der Vater in einem weißen Kittel den Gorillakörper in Gips modelliert, wie das Tier schließlich fertig dasteht: Mit dem linken Arm greift er an einen Baum, das Maul ist aufgerissen, zeigt die Zähne, die Rechte schlägt auf die Brust, deutlich sind die Greifzehen an den Füßen zu sehen und auch der Penis, der erstaunlich klein ist. Die Augen des Tiers glänzen, auch die Lefzen, die das große Gebiß freigeben. Er hält sich an dem Baum fest, und man weiß nicht, ist er eben herabgestiegen, um den Betrachter anzugreifen, oder hält er in einer Schrecksekunde inne, um im nächsten Moment zu fliehen. Der Gorilla war, wie mir später ein Geselle, der bei dem Vater gearbeitet hatte, erzählte, der Schrecken aller Kundinnen gewesen. Bis sich eine Frau über den Penis beklagte und ihm ein Schurz vorgebunden werden mußte. Von da an war der Gorilla eine lächerliche Erscheinung.

Ein Foto zeigt den Bruder im Matrosenanzug, im Arm hält er eine Schultüte. Den Matrosenanzug mit den feuervergoldeten Knöpfen hatte der Vater extra schneidern lassen. Ernst blickt der Junge. Neben ihm sitzt ein Schäferhund. Ist er ausgestopft oder lebendig? Aber ich denke, es ist Bello, der Schäferhund, den sie damals hatten.

Der Gorilla wurde für ein amerikanisches Museum gearbeitet, ich wüßte gern, für welches. Vielleicht kann man ihn in einer zoologischen Abteilung in Denver oder Chicago noch sehen. Der Vater hat für Sammlungen und Museen und für private Kunden gearbeitet. Seine Arbeiten wurden in Fachzeitschriften abgebildet und gelobt. Anfang der dreißiger Jahre bekam er ein Angebot, als Präparator an das naturkundliche Museum in Chicago zu gehen. Er hat lange überlegt, ob er das Angebot annehmen soll, was ja bedeutet hätte, auszuwandern. Er entschied sich dann aber zu bleiben und sich selbständig zu machen. Der Grund war die Familie. Eine andere tiefere Begründung war, er mochte Amerika nicht, er wollte in Deutschland bleiben. Deutschland war nicht nur ein Land, sondern es war *das* Land, erfüllt mit Geschichte, in die er gehörte, von der er durchdrungen war, auf die er stolz war. Deutsch war nicht nur der Reisepaß, es war *die Heimat, die Sprache, das Volk,* was tatsächlich als Bedeutung in der Wurzel von deutsch steckt, das im Gotischen thiot heißt: Stamm, Volk.

Auswandern, das konnte er sich nur im äußersten Notfall vorstellen, emigrieren hatte für ihn immer etwas von Verrat. Verräter waren Thomas Mann, der in einer BBC-Rede der Bombardierung und Zerstörung Lübecks zugestimmt hatte, und Marlene Dietrich. Die war in amerikanischer Uniform aufgetreten, war bei der US Army *rumgetingelt.*

Nach dem Krieg, in dem strengen Winter 1946, bekamen wir ein Carepaket. Darin waren mir so unbekannte Dinge wie Oatmeal, brauner Zucker, Cornedbeef, Trockenmilch und Maple-Sirup. In dem Paket waren auch zwei Hemden und ein Paar Schuhe, schwarze Halbschuhe, neu, mit Ledersohlen, die Hacken hatten Gummiabsätze, in deren Mitte ein roter Gummifleck eingelassen war. Schuhe, die von Bekannten und Verwandten wie ein Kunstwerk bestaunt wurden. Der Vater sagte damals, was er dann oft wiederholte: Ich Idiot, warum bin ich nicht nach Amerika gegangen.

Er zog die Schuhe an, die zu klein waren, zwei Nummern, das mehrmalige Weiten beim Schuhmacher half nichts. Sie blieben zu klein. Er trug sie dennoch, trug sie einen Sommer lang, bis er Hühneraugen bekam, dann erst trennte er sich von ihnen, tauschte sie auf dem Schwarzmarkt gegen Essen und Zigaretten und drei Tafeln Schweizer Milchschokolade. An jedem Abend, nach dem Essen, bekam ich einen kleinen Riegel. Auch heute noch ein Erinnerungsgeschmack.

Amerika, Schweden und die Schweiz, das waren die reichen Länder, aus denen kamen Schokolade, Schulspeisungen, Kekse. Amerika war aus der kindlichen Perspektive ein mächtiges Land, weit mächtiger als das *Unser-Deutschland* des Vaters und damit selbstverständlich auch mächtiger als der Vater. Es war die Demütigung der Vätergeneration durch Amerika. Rußland war *volkreich, aber es wäre im Krieg ausgeblutet.* Amerika hingegen war das größere, stärkere Land. Dessen Wertvorstellungen, dessen Kultur wurde übernommen. Eine Kränkung derer, die ausgezogen waren, die Welt zu erobern, die glaubten, der auserwählten Rasse zuzugehören. Die Ehre. Und jetzt bückten sie sich nach Zigarettenkippen und mußten sich umerziehen lassen. Allein das Wort Umerziehung: Reeducation.

In Coburg wurde im April 1945 eine Barrikade hinter der Brücke an der Itz gebaut, und am Ufer wurden Schützengräben ausgehoben. Ein Oberleutnant sollte die Barrikade vor den anrückenden Amerikanern verteidigen. Es war ein warmer, sonniger Frühlingstag.

Am Morgen war ich beim Spielen in ein Schützenloch vor dem Haus gefallen. Ich saß in der feuchten

Erde wie in einem Grab. Über mir das Blau des Himmels. Ich muß wie am Spieß geschrien haben, bis ein deutscher Soldat mich aus dem Loch zog. Kurz darauf verschwanden die deutschen Soldaten, hatten die Uniformen aus- und Zivil angezogen und ihre Panzerfäuste und Karabiner in der oberen Etage einfach liegenlassen. Ein amerikanischer Panzer drückte langsam den mit Pflastersteinen beladenen Möbelanhänger, der die Brücke sperren sollte, beiseite. Kurz darauf klingelte es, und die Frauen, verängstigt, darunter meine Mutter, öffneten, draußen standen drei GIs, einer war schwarz. So ging das Dritte Reich in Coburg zu Ende.

Es war die Befreiung. Eine Befreiung von den nach Leder riechenden Soldaten, den genagelten Stiefeln, dem Jawoll, dem Zackigen, diesem stampfenden Gleichschritt der genagelten Knobelbecher, die man von weit her in den Straßen dröhnen hörte. Die Sieger kamen auf Gummisohlen daher, fast lautlos. Die Zweckmäßigkeit eines Jeeps, mit seinem Benzinkanister und dem Spaten am Heck. Die Windschutzscheibe konnte man umklappen. Der Geruch nach Benzin, das anders roch als das deutsche, süßlicher. Wie die Soldaten in ihren Khakiuniformen lässig in den Jeep stiegen. Und uns, den Kindern, Kaugummi, Schokolade, Kekse zuwarfen. Unbekannte Genüsse.

Kreisleiter Feigtmaier in brauner Uniform, noch vor zwei Tagen gefürchtet und ehrfurchtsvoll gegrüßt, stand in der Gosse und fegte die Straße, während die Jeeps knapp an ihm vorbeifuhren und er auf den Bürgersteig springen mußte, dreckbespritzt.

Von einem Tag auf den anderen waren die Großen, die Erwachsenen, klein geworden. Eine Erfahrung, die ich mit vielen anderen meiner Generation teilen sollte. Wahrscheinlich gibt es einen Zusammenhang zwischen dieser Erfahrung und der antiautoritären Bewegung der Studentenrevolte, die sich gegen die Vätergeneration richtete.

Wagenkolonnen schoben sich durch die Stadt, Jeeps, Lastwagen, Panzerspähwagen, während die gefangenen deutschen Soldaten zerlumpt daherkamen. Die tiefe Empfänglichkeit für die amerikanischen Lebensformen, für Film, Literatur, Musik, Kleidung, dieser Siegeszug hatte seine Ursache darin, daß die Väter nicht nur militärisch, sondern auch mit ihren Wertvorstellungen, mit ihrer Lebensform bedingungslos kapituliert hatten. Die Erwachsenen erschienen lächerlich, selbst wenn das Kind noch nicht fähig war, eine begriffliche Begründung dafür zu finden, aber es war spürbar – diese Degradierung der Väter. Es gab die Grußpflicht. Die Männer mußten vor englischen Besatzungssoldaten, den Siegern, die Mützen abnehmen, die Hüte ziehen. Das Kind beobachtete Erwachsene, auch Frauen, die sich nach den weggeworfenen Kippen der GIs bückten. Männer, die eben noch zackig gegrüßt wurden, mit donnernden Kommandostimmen auftraten, flüsterten plötzlich, sagten, sie hätten von all dem nichts gewußt, sagten, sie hätten das nicht gewollt, sagten, da war wieder Verrat im Spiel.
Der Vater lehnte die amerikanische Musik, den Film, den Jazz ab. Amerikanismus. Die Kommandogewalt hatten sie im öffentlichen Leben verloren, und so konnten sie nur noch zu Hause, in den vier Wänden, herumkommandieren.

In der Schule durfte nicht mehr nach den alten Schulbüchern unterrichtet werden. Ein Lehrer, Herr Bohnert, der einzige Lehrer an der Schule, der in der Nazizeit aus politischen Gründen aus dem Schuldienst entlassen worden war, unterrichtete Deutsch und Geschichte, er tat das, indem er nicht nur die Dummheit und Verbrechen der Nazis zur Sprache brachte, sondern nach den Ursachen fragte und den *Kadavergehorsam* und den *Militärfimmel* der Deutschen an Beispielen kritisierte. Der Vater, dem ich davon erzählte, erregte sich über diese von den Siegern uns anbefohlene *Umerziehung*. Aber tun konnte er dagegen nichts. Und es war für das Kind spürbar, diese wortgewaltige Empörung entblößte nur Hilflosigkeit.

In dem besetzten Frankreich hatte er einmal beobachtet, wie ein deutscher Soldat einem Jungen einen Apfel schenken wollte. Der Junge nahm den Apfel und warf ihn verächtlich weg. Eine Geschichte vom Stolz, die der Vater mehrmals erzählte.

Auf einer Zugfahrt wollte mir ein amerikanischer Offizier eine Tafel Schokolade schenken, ich weigerte mich, sie anzunehmen. Der Amerikaner schüttelte den Kopf. Der Vater, der dabei war, erzählte später immer wieder davon, wie von einer Heldentat. Natürlich hätte das der Karl-Heinz genauso gemacht.

Eine Generation war politisch, militärisch, mentalitätsmäßig entmachtet worden, und sie reagierte beleidigt, mit Trotz, Verstocktheit. Später, mit dem Beginn des Kalten Kriegs, stärkten sich wieder die restaurativen Kräfte, aber zunächst, die ersten Jahre nach dem verlorenen Krieg, überlebte der Herrschaftsanspruch nur noch zu Hause, im Privaten. Und er richtete sich gegen die Kultur der Sieger.

Es ist möglicherweise einer der Unterschiede zwischen Ost- und Westdeutschland, also zwischen der späteren BRD und der DDR, daß der westliche Teil mit dem Vorwurf der Kollektivschuld konfrontiert wurde, was von einem demokratischen Ansatz aus nur konsequent war. Hitler war ja gewählt worden. Im östlichen Teil hingegen wurde in einer mechanistisch verkürzten Sicht der Unterschied zwischen Verführern und Verführten gemacht, dergestalt, daß die Kapitalisten die Verführer, die Arbeiter die Verführten waren. Schuld wurde dadurch zu einer Klassenfrage, die ihre Begründung in ökonomischen Interessen hatte. So blieben autoritäres Denken und obrigkeitsstaatliche Verhaltensmuster unbefragt, wurden sogar als positive preußische Tugenden in die sozialistische Gesellschaft übernommen. Die ökonomischen Verhältnisse waren revolutioniert worden, allerdings von außen, durch die Rote Armee, durch die Sowjetunion. Es gab keine die ökonomische Umwälzung begleitende Kulturrevolution, also keine Revolte gegen die *Lebensform* der schuldig gewordenen Vätergeneration. Es wurden keine neuen Formen des Zusammenlebens erprobt, keine freien Beziehungen unter den Geschlechtern, keine Ausbildung der Kritikfähigkeit gegenüber staatlichen Machtstrukturen gefördert, keine Meinungsfreiheit, keine basisdemokratische Mitbestimmung, keine sozialen Selbstorganisationen. So wurde schon jede privat geführte Kneipe als möglicher Unruheherd angesehen, jeder Vervielfältigungsapparat als potentiell systemdestabilisierend verboten, und jeder Taschenrechner war verdächtig, da mit ihm die stets erfolgreichen Produktionszahlen möglicherweise hätten falsifiziert werden können. Kritik an dieser Entwicklung wurde, selbst wenn sie solidarisch war, als vom Westen, von Amerika, vom Kapitalismus ideologisch infiltriert abgetan.

Der Junge kann sich nicht erinnern, von den Eltern je zu einem Nichtgehorsam ermuntert worden zu sein, auch nicht von der Mutter – *raushalten, vorsichtig sein* ja, aber nicht das Neinsagen, die Verweigerung, der Ungehorsam. Die Erziehung zur Tapferkeit – die ja immer als Tapferkeit im Verband gedacht war – führte zu einer zivilen Ängstlichkeit.

Der Vater war nach der Entlassung aus der englischen Gefangenschaft nach Hamburg gegangen, und die Mutter und ich kamen 1946 von Coburg zurück. In den Trümmern hatte er die Pelznähmaschine gefunden, hatte sie geölt, geputzt und in einem Keller, in dem wir bald auch wohnen sollten, ein Kürschnergeschäft eröffnet. Er besaß, als er aus der englischen Gefangenschaft kam, tatsächlich nichts als seine grün umgefärbte Luftwaffenuniform. Die Schweizer Fliegeruhr war ihm, was er immer und immer wieder erwähnte, bei der Gefangennahme von einem englischen Soldaten geklaut worden. Und zu seinen mit Schweinsleder gefütterten Langschäftern gibt es zwei Geschichten, die eine berichtet, sie seien ihm von befreiten polnischen *Fremdarbeitern* am Bahnhof Dammtor unter Androhung von Gewalt ausgezogen worden, die andere er-

zählt, er habe die Stiefel gegen Butter und Fehfelle ge-
tauscht. Vielleicht gab es zwei Paar Stiefel, von denen er
ein Paar bei seiner Schwester untergestellt hatte. Eines
der deutlichen Bilder vom Vater ist, daß er in seinen
Breeches, die sich eng an die Waden schlossen, und den
Halbschuhen wie ein Storch herumlief. Die eine Hälf-
te des Hauses, in der er die Souterrainwohnung gefunden hatte, war von einer Luftmine weggerissen worden,
so daß eine Zimmerwand zur Außenwand geworden
war. Die Trümmer lagen vor dem Kellerfenster, eine
hügelige Schuttlandschaft, in der man spielen konnte.
In den Trümmerbergen fanden sich so unterschiedliche
Dinge wie Kochtöpfe, Wasserhähne, Badewannen,
eiserne Bettgestelle, Messer, Wasserrohre, Abflußroh-
re, Uhren, Nähmaschinen, Bügeleisen, verrostet und
manchmal von der Hitze zu eigentümlichen Formen
geschmolzen.

Eine halbkreisförmige Narbe an der Stirn erinnert
mich an diese Spiele in der Trümmerlandschaft mit
ihrem Geruch nach Mörtel und faulendem Holz. Der
Junge, der am Boden hockend mit einem alten Ham-
mer einen Ziegelstein für ein Steinhaus säuberte, wurde von einer Fahrradgabel an der Stirn getroffen, die
ein anderer Junge weggeschleudert hatte. Eine leuch-
tendrote Schleppe senkte sich über beide Augen, zunächst kein Schmerz, sondern ein Staunen über dieses
Rot, an den Händen, Armen, am Hemd, und etwas
später der Geschmack von Blut und Eisen.

Der Vater schlief auf der Zweckplatte, einer Holz-
platte, auf der die zusammengenähten Fellteile aufge-
zweckt wurden. Ich kann mich nicht daran erinnern,

wo die Schwester damals war. Wahrscheinlich bei Verwandten in Schleswig-Holstein. Ich schlief mit der Mutter in dem einzigen Bett. Durch die nach außen weisende Zimmerwand drang die Nässe ins Zimmer, gefror im Winter an der Wand zu einer glänzenden Schicht, die abends, bei Kerzenlicht, zu einer märchenhaften senkrechten Landschaft wurde. Wir schliefen in Pullovern und Mänteln im Bett, der Vater zugedeckt mit seinem umgefärbten Uniformmantel, mit dem weißen PW auf dem Rücken. Prisoner of War.

Er sitzt an der Pelznähmaschine und näht die Fehfelle zusammen, streicht das Haar ein, das so zart und dünn ist, daß es sich bei einem leisen Luftzug in einer sachten Bewegung grau abschattet. Eine mühsame Fummelarbeit, die den Vater immer wieder fluchen läßt, weil er Haare eingenäht hat.

Es war der erste Pelzmantel, den der Vater in seinem Leben angefertigt hatte.

Nach zwei Jahren konnten wir aus dem Keller aus- und in eine Wohnung ziehen, wohnten, der Vater, die Mutter und ich, in einem Zimmer, das heizbar war und trocken. Und nach weiteren drei Jahren zogen wir in eine Wohnung, die über einem Laden mit Werkstatt lag. Den Laden ließ er umbauen, die Wände mit gebeiztem Buchenholz verkleiden, zwei große Anprobespiegel aufstellen. Zwei Kürschner und sechs Näherinnen hatte er eingestellt. Dem Meister, Herrn Kotte, fehlte ein Auge. Er war Panzerfahrer gewesen. Ein Granatsplitter hatte ihn durch den Sehschlitz ins Auge getroffen. Kotte war kein guter Kürschner, und die Mäntel, die er anfertigte, hatten oft Mängel. Die Fellhöhe stimmte nicht, auch nicht die Farben und die Haarhöhe, die *Rauche*.

Er sieht schlecht, mit einem Auge, sagte der Vater. Es gab Reklamationen, aber er hielt an diesem kriegsversehrten Kürschner fest, der sich hin und wieder zur Wand drehte, und man wußte, er nahm dann sein Glasauge heraus, um es mit dem Taschentuch abzuwischen.

Wenn ein Fest gefeiert wurde – und in jenen Tagen feierte man viel –, wurde ein junger Mann, der ein kleines Kürschnergeschäft betrieb, zu uns gebracht. Dem Mann waren beide Beine abgeschossen worden. Kollegen fuhren ihn im Auto zu uns. Der Vater trug ihn auf den Armen in die Werkstatt. Dort, auf einer großen Zweckplatte, war gedeckt worden, Kassler Rippchen und Würstchen mit Kartoffelsalat. Der Mann, dessen Beine unmittelbar unter dem Rumpf amputiert worden waren, wurde auf einen Stuhl gesetzt. Hin und wieder trug der Vater ihn zur Toilette. Es wurde viel gelacht, und auch dieser Mann lachte, konnte lachen, laut und *herzhaft*, worüber ich als Kind erstaunt war, wie er dasaß, sich mit den Händen an der Zweckplatte festhielt und lachte, sich *ausschüttete vor Lachen*. Und waren dann alle gegangen, trug der Vater diesen Mann, der nur ein Torso war, wieder hinaus, in das wartende Auto.

Danach saßen die Mutter und der Vater an der großen Zweckplatte mit den leergegessenen Tellern, den Gläsern und Flaschen, rauchten und schwiegen. Bei solchen Gelegenheiten rauchte auch die Mutter eine Zigarette. Hatte sie die Zigarette zu Ende geraucht, kam es über diesen beinamputierten Kürschner jedesmal wieder zu einem Gespräch desselben Inhalts, daß, wenn der Bruder mehr Bluttransfusionen bekommen hätte, er vielleicht doch hätte überleben können. Hatten die Ärzte tatsächlich alles getan, um sein Leben zu retten? Oder war er mit seinen zerschossenen Beinen in die dritte Behandlungskategorie eines Feldlazaretts eingestuft worden? Die Verwundeten wurden nach dem Grad ihrer Überlebenschancen behandelt. Je lebensgefährlicher die Verwundung, desto später wurden sie behandelt. Das ersparte den Operateuren Arbeit. Die Schwerverwundeten erlagen bald ihren Verletzungen. Der Bruder hatte die Operation überstanden, hatte noch 27 Tage gelebt, hatte aus dem Lazarett noch Briefe geschrieben.

Hatte es nicht genug Blutkonserven gegeben?

Hatte man ihm weitergehende Behandlungen verweigert, fragten sich die Eltern.

Der Vater hatte nochmals an den Stabsarzt geschrieben und um präzise Auskunft gebeten. Wollte sich mit der lapidaren Todesnachricht – *müssen Ihnen heute leider den Heldentod Ihres Sohnes mitteilen* – nicht abfinden. Wollte Genaueres wissen, schrieb an die *Totenkopfdivision*, an das Regiment. In der Antwort hieß es, die Kompanie sei aufgelöst und auf andere Einheiten verteilt worden. Das bedeutete, die Kompanie war aufgerieben worden, *verheizt*. Ein SS-Bataillon, das *verheizt* wurde, eine SS-Kompanie, die *verheizt* wurde. Das Wort *verheizt* gab es in der Sprache der Täter auch für die eigenen Leute.

Die Schwester erzählte von dem Bruder, von gemeinsamen Spielen und Streichen. Wie sie, die ältere, den Bruder mit ins Kino genommen hatte, wie sie in den Zirkus gegangen waren und sie danach dem Bruder anbot, ihn in ein Kaninchen zu verwandeln. Er aber wollte ihr Können erst an einem Nachbarskind beobachten, um sicherzugehen, daß sie ihn auch wieder rückverwandeln konnte.

Eigentümlich ist, daß in seinen Briefen von der Schwester kaum die Rede ist. Nach dem kleinen Bruder wird immer wieder gefragt.

Brief an den Vater 17.3.43
Du schreibst mir, daß ich der Mutti nicht schreiben soll, daß ich im Kampf bin. So kann ich Dir sagen, daß ich bis jetzt nichts davon nach Hause geschrieben habe und daß ich auch in Zukunft nichts davon nach Hause schreibe. Außerdem mache ich keine Jagd auf Orden, denn ich habe mir schon immer gesagt, daß das großer Unsinn ist, ich führe nur Befehle aus und alles andere geht mich nichts an – was nützt es mir, wenn ich das EK habe und mir fehlt eine Hand, dann ist mein ganzes Leben und Beruf verpfuscht.

Mein Eindruck, heute, aus der Erinnerung, ist, daß der Vater stärker unter dem Verlust gelitten hat als die Mutter. Sie hatte in Trauer von ihm Abschied genommen, ihre Empörung fand ein Subjekt, die *Mistbande*, womit sie die Nazis meinte, womit sie aber auch die Militärs meinte, womit sie die *da oben* meinte, die Politik machten, die herrschten.
Da hat man diesen Jungen gehütet, ist bei jedem Fieber aufgeblieben, wieviel Liebe, Sorgfalt, Arbeit war

mit dem Großziehen verbunden, und dann wird der
einfach losgeschickt, wird verstümmelt und stirbt.

Der Vater konnte Trauer nicht zulassen, nur Wut, die
sich aber, weil für ihn Tapferkeit, Pflicht, Tradition,
unverbrüchlich waren, nicht gegen die Ursachen, sondern nur gegen militärische Dilettanten, gegen die
Drückeberger, gegen die Verräter richtete. Das war der
Gesprächsstoff mit anderen Kameraden. Sie kamen
abends, saßen zusammen, tranken Cognac und Kaffee
und redeten über den Kriegsverlauf. Suchten Erklärungen, warum der Krieg *verlorengegangen* war. Es
wurden noch einmal Schlachten geschlagen, Befehle
korrigiert, unfähige Generäle abgesetzt, Hitler die militärische Befehlsgewalt entzogen. Kaum vorstellbar,
heute, daß das abendfüllende Themen für diese Generation waren.

Eine Zeitlang überlegte der Vater, ob er in die FDP
oder in die deutschnationale DP eintreten sollte. Er,
der gut frei reden konnte, wurde von Bekannten, die
Mitglieder dieser Parteien waren, gedrängt, sich ebenfalls zu engagieren. Er war an Politik interessiert,
konnte sich dann aber doch nicht entschließen, Mitglied einer Partei zu werden. Er war auch nicht in die
NSDAP eingetreten, obwohl man ihn umworben, ihm
sogar Ämter angeboten hatte – er war eben ein guter
Redner. Die Leute waren ihm zu *rabaukenhaft* gewesen.

Anfang der fünfziger Jahre, ich glaube, es war 1952,
stellte er einen Chauffeur ein, der ihn während des
Kriegs, als er im Luftwaffenkommando Königsberg
Dienst tat, hin und wieder gefahren hatte.

Der Junge hatte ihn Massa getauft. Den Namen hatte er aus den Kolonialbüchern, die er sich von seinem Taschengeld in einem Trödelantiquariat kaufte. Bücher über die deutschen und englischen Kolonien in Afrika. Massa. So redeten die Schwarzen ihre Herren an. Der Vater fand das amüsant und rief den Mann dann mit diesem Spitznamen, wenig später taten es ihm die angestellten Kürschner und Näherinnen nach. Ich kenne, obwohl er drei Jahre beim Vater angestellt war, nicht seinen richtigen Namen.

Massa trug eine graue Chauffeuruniform und war *Mädchen für alles*. Er brachte Mäntel aus der Aufbewahrung zu Kundinnen, machte Besorgungen, fuhr den Vater zu Sitzungen in die Innung, strich die Türen im Geschäft und in der Wohnung. Vor allem aber redete er viel. Ein Mann, der sich überall festredete. Aber jemand, der zu Kindern wie zu Erwachsenen gleichermaßen sprach, mich also ernst nahm. Massa war Kommunist.

Der erste Kommunist, den ich kennenlernte. Ein Mann mit einem zähen Haß auf alle Herrschaften, insbesondere diejenigen, denen er als Fahrer gedient hatte. Nur bei meinem Vater machte er eine Ausnahme. Vermutlich hatte der als sein Vorgesetzter ihn während des Krieges einmal geschützt. Ich wüßte gern, wann und wie, und muß mich davor hüten, aus der Beschreibung des Erinnerungsvorgangs in wunschgelenkte Mutmaßungen zu kommen.

Drei Jahre später entließ der Vater – *das Geschäft geht schlecht* – Massa. Allerdings hatte er ihm bei einem Bekannten eine Beschäftigung verschafft, als Pförtner. Er hatte also das erfüllt, was er für sich beanspruchte: *Ich kümmer mich um meine Leute.*

In der Zeit, ich war wohl vierzehn, wurde mir langsam und dann immer schärfer der Widerspruch im Leben des Vaters deutlich. Da war einmal der Vater, der, kaufte er sich Hemden, gleich sechs von derselben Sorte bestellte, oder der einen Schneider kommen ließ, der, wie auf den ostelbischen Gütern, zwei Monate lang ausschließlich für die Familie schneiderte, Kostüme, Hosen, Jacken, für den Vater Anzüge, die meistens grau waren, hellgrau, mittelgrau, dunkelgrau. Uniformfarben. Er trug die Jacken mit einem Einstecktuch, ein wenig, aber nicht zu stark heraushängend, weiß oder blau gepunktet. Frauen begrüßte er mit Handkuß. Ein *guter Unterhalter* bei Tisch. Nach der Suppe klopfte er mit dem Messer an das Glas, brachte einen Toast auf den Jubilar, das Brautpaar, den zu Ehrenden aus. Auf den Innungsversammlungen oder auf Treffen der von ihm gegründeten IHAK, der Interessengemeinschaft Hamburger Kürschner, sprach er frei und so, daß man ihm zuhörte. Er konnte Witze erzählen. Nie mehr als einen und vor allem nie einen *schlüpfrigen.* Meist waren es Witze über die Größen des Dritten Reichs, Hitler, Goebbels, Göring, Ribbentrop. Der Reichsaußenminister v. Ribbentrop, der sogar unter den Nazis als besonders dumm und arrogant galt, war zum Krönungsjubiläum der holländischen Königin mit den anderen europäischen Außenministern eingeladen worden. Ein großes Festessen wurde gegeben. Die Königin litt an diesem Tag unter starken Blähungen. Während des Essens windete sie laut und vernehmbar. Der französische

Außenminister stand auf und sagte: Pardon, Majestät. Das Festessen ging weiter. Die Königin windete zum zweiten Mal. Der englische Außenminister stand auf und sagte: Pardon, Majestät. Das Festessen ging weiter. Die Königin windete sehr laut zum drittenmal. Da sprang Reichsaußenminister v. Ribbentrop auf und brüllte in den Saal: Majestät! Diesen und die nächsten drei übernimmt die deutsche Reichsregierung.

Der Vater erzählte, ohne mitzulachen, kostete das Lachen der anderen nicht aus, sondern wechselte beiläufig das Thema und sprach von etwas anderem, eher Sachlichem. Die Witze hatten nichts Anbiederndes. Er prostete, das Weinglas weit unten am Stiel haltend, den anderen zu. Die Unterhaltung war schon recht laut geworden, das Gelächter einiger Frauen bekam einen schrillen Ton. Er stand auf, setzte sich ans Klavier, begann zu spielen, improvisierte, das Reden, das Lachen wurde leiser, die Staunenden standen, die Zigaretten, die Weingläser in den Händen, und lauschten. Er hob kurz ein wenig ironisch theatralisch die Hände hoch und klappte den Klavierdeckel zu, winkte das Klatschen ab, stand auf, nahm das Etui aus der Jackentasche, ließ es aufspringen und zog, ohne hinzusehen, eine Zigarette heraus, tippte kurz mit der Zigarette darauf, ließ es zuschnappen und wieder in der Jackentasche verschwinden. Das Zündholz riß er an, mit einem knappen Strich, das Anzünden der Zigarette, das Ausschütteln des Streichholzes, das alles geschah so mühelos, in kleinen eleganten, immergleichen Bewegungen. Er rauchte, die Zigarette in leicht ausgestellten Fingern, Zeige- und Mittelfinger. Am kleinen Finger den Ring mit dem Rauchtopas.

Sein Stolz, selbständig zu sein.

Ein gesuchter, gern gesehener Gesellschafter, anregend und amüsant, das war der Vater.

Es gab aber auch den anderen Vater, den, der abends über die Geschäftsbücher gebeugt saß, rechnend. Das Seufzen, Kopfschütteln, das stumme Händeringen – ja, er rieb sich langsam die Hände, knetete sie, als könne er alle Sorgen zerdrücken, zerquetschen. Die beständig spürbare Angst des Vaters, auch der Mutter, vor dem Absturz aus dem bürgerlichen Leben, vor der nicht ausdenkbaren Deklassierung. Diese Furcht vor dem Verlust der Selbständigkeit, die aber immer nur eine bei den Banken geborgte Selbständigkeit gewesen war.

Und das Telefonieren. Das morgendliche Telefonieren mit den Banken, um die Verlängerung von Wechseln zu erreichen. Ich habe ihn, der so sehr auf Haltung, Anstand, Stolz, auf seine Ehre bedacht war, betteln hören, am Telefon mußte er betteln, auch bei Kollegen, die er sonst als Krauter bezeichnete, um Geld, 500 Mark, 3000 Mark, 5000 Mark, was 1954 viel Geld war, eine Summe, die er brauchte, unbedingt, dringend, um sie zur Bank zu bringen, damit der Wechsel nicht platzte, damit er prolongiert wurde. Prolongieren, ein Schreckenswort. Was die *Leute* denken, das war die immerwährende Sorge um die eigene Geltung. Nicht in der oberflächlichen Bedeutung, was die anderen von einem halten, sondern als Spiegel dessen, was man selbst von sich halten kann, was ist man, als was *erscheint* man. Beides muß beständig miteinander abgeglichen werden. Adel ist Teil der Person, bestimmt von der Geburt, dem *Geblüt*, egal, ob jemand verkracht, verurteilt, der bürgerlichen Ehrenrechte verlustig ist, er bleibt adelig. Der Bürger aber, verkracht, gescheitert, bankrott, ist nichts mehr, verliert seinen sozialen Schatten. Darum auch das Peinlichkeitsgefühl, das nicht mit dem Taktgefühl zu vergleichen ist, das stets den anderen bedenkt. Peinlichkeit denkt nur an sich, ist die Angst, sozial zu versagen. Es ist der Blick von außen auf sich, immer mit dem vermuteten Blick des anderen. Ein scheeler Blick.

An eben der empfindlichsten Stelle, der Kreditwürdigkeit, mußte er sich entblößen, mußte eingestehen, daß ein Wechsel platzen würde, wenn er nicht die Zuschußsumme bekäme. Und ein geplatzter Wechsel war wie ein vernichtender Steinschlag, denn dann würden all die anderen Wechsel eingefordert, und die waren, wie der erste, ungedeckt. Darum das Telefonieren, das Bitten, ja Betteln, bei Freunden, Kollegen, Bankangestellten, Subalternen, denen er gern mal in ihren *schmalen Hintern* getreten hätte.

Ein wenig konnte er das für sich selbst mit dem Wort Verantwortung verklären. Verantwortung für seine Leute. Und er sprach nur von *seinen Leuten*, in dem ursprünglichen Sinn von Angehörigen, zu denen nicht nur die Familienmitglieder, sondern auch die Arbeitskräfte zählten. Das waren damals zwei Kürschner und sechs Näherinnen und der Chauffeur. Und die Familie: die Frau, die unverheiratete Tochter, der Sohn, der Nachkömmling, aber auch die beiden Schwestern des Vaters. Wer fehlte, jetzt, war der große Sohn, mein Bruder, der hätte helfen können. Der war Kürschner gewesen. Die Hoffnung richtete sich auf mich, der den Vater einmal entlasten würde. Der auch Kürschner werden sollte, werden mußte.

Das Wort prolongieren war die Umschreibung einer ökonomischen Demütigung. Und die fand jedesmal im Sommer statt, in der *Sauregurkenzeit*. Es gab so gut wie keinen Neuverkauf. Darum die Erfindung *Aufbewahrung*.

Im Frühjahr wurden die Pelzmäntel bei den Kundinnen abgeholt, geklopft und in einen Raum gehängt, der mit einem Mittel gegen Motten eingesprüht worden war, nicht zu stark, sonst bestand die Gefahr, daß die Mäntel später, wenn sie im Spätherbst abgeholt wurden, penetrant nach Naphthalin rochen. Gab man zu wenig Chemie, konnte es zu Mottenbefall kommen. Die Mäntel wurden im Sommer hin und wieder aus dem Aufbewahrungsraum getragen und im Freien geklopft. Massa und der Sohn hatten die Mäntel bei den Kundinnen abgeholt und brachten sie im Spätherbst wieder zurück. Es gab eine Abstufung. Kundinnen, die nur einen Mantel hatten, wurden von Massa beliefert. Kundinnen, die mehrere Mäntel hatten oder aber wichtig waren für Weiterempfehlungen, wurden von dem Sohn und Massa besucht. Er, in grauer Chauffeuruniform, trug die Mäntel, und der Sohn, damals dreizehn Jahre alt, sagte: Guten Tag, mein Vater läßt Sie herzlich grüßen, wir bringen Ihre Mäntel. Massa nahm die Mütze ab und überreichte die Mäntel. Der Sohn ließ sich die Rückgabe der Mäntel quittieren. Der Vater unterschied Kundinnen, die wußten, was sich gehörte, und jene, die das nicht wußten. Wer wußte, was sich gehörte, gab Massa ein Trinkgeld. Die es nicht wußten, gaben dem Sohn das Geld.

Ich mußte es dann an Massa weitergeben.

Die Einnahmen von der Aufbewahrung konnten bei weitem nicht den saisonbedingten Einkommensverlust ersetzen. Der Sommer war die Zeit, in der *prolongiert* werden mußte. Es war die Zeit des Herumtelefonierens und des Händeringens. Vielleicht schickte er darum die Mutter und mich in den Schulferien aufs Land, in die Lüneburger Heide oder nach Petershagen an die Weser, wo wir fünf Wochen in einem Hotel wohnten. Er fuhr uns im *Adler* nach Schneverdingen, *Hotel Witte, das älteste Haus am Platze*. Ein langgestreckter Backsteinbau mit weißgestrichenen Fensterrahmen. Der Vater wollte drei Tage bleiben. Wir wanderten, nein, es war eher ein Spazierengehen. Englische Soldaten, die in Soltau stationiert waren, hielten eine Übung ab. Er wurde auf den Heidewegen mehrmals von Soldaten nach Orten, Straßen, Verbindungen gefragt. Man konnte ihn für einen Engländer in Zivil halten. Ein Foto zeigt ihn – er trägt Halbschuhe, eine hellgraue Hose, ein helles Hemd, darüber einen dunkelgrauen Pullunder. Ein Manöverbeobachter in Zivil.

Panzer standen unter Tarnnetzen am Waldrand. Ganz schlecht, sagte er und zeigte auf den von den Ketten aufgewühlten Heidesand, die Spuren. Die sieht man von oben. Da muß man nur genau hinsehen, wo die Spuren enden. Panzer lassen sich am besten von oben knacken. Den ersten hat Ritter v. Schleich im Ersten Weltkrieg vernichtet, im Sturzflug. Prinzip der Stukas, mit der Maschine zielen. Früher erzählte er ausführlich und mit begleitenden Handbewegungen, wie man über den Flügel nach rechts oder links abkippen mußte. Jetzt war ihm anzumerken, daß er mit den Gedanken woanders war. Er rauchte, ein Kettenraucher, nachmittags trank er Cognac und Kaffee. Am zweiten Tag fuhr er nach Hamburg zurück.

Zwei Wochen später mußte meine Mutter den Urlaub abbrechen. Der Mann zu Hause war krank geworden. Magenschmerzen, Krämpfe, Übelkeit, Erbrechen. Ein Geschwür am Zwölffingerdarm wurde diagnostiziert. Das ist eines der deutlichen Bilder, weil so ungewohnt, weil so gar nicht mit dem Bild, das er von sich selbst hatte, übereinstimmend, er liegt im Bett und macht eine Rollkur. Die Mutter kocht Haferschleim. Zwei Jahre später bekam er einen Herzinfarkt. Danach war er, wie meine Mutter sagte, ein anderer, ein gebrochener Mann. Aber ich denke, das ist schon Interpretation des davor einsetzenden Niedergangs. Der Infarkt als körperliche Reaktion auf die veränderte Situation im Geschäft. Die Nachkriegszeit mit ihrer Mangelwirtschaft ging zu Ende. Der Schwarzmarkt, das entsprach seinen Fähigkeiten, das war er selbst, die Zeit, in der Improvisation gefragt war, man mußte den richtigen *Riecher* haben, mehr scheinen als sein, es waren ja ständig Wechsel auf die Zukunft, Schrotthändler wurden Großindustrielle, wie Schlieker in Hamburg, der später bankrott ging, insofern war er, der Vater, im kleinen, was Schlieker im großen war.

Eine kurze Zeitspanne lang waren nicht Ausbildungen, Zertifikate, Zeugnisse, Diplome gefragt, die er nicht vorweisen konnte, sondern Geschicklichkeit, Ideen, Beziehungen, Visionen, Überredungskünste. Etwas von der amerikanischen Lebensform, die ihm verhaßt war, aber seiner nicht abgeschlossenen Ausbildung, seiner ganzen Existenz genau entsprach.

86

Man findet eine alte Pelznähmaschine, reinigt und ölt sie und eröffnet ein Kürschnergeschäft. Die Fehfelle hatte er von einem russischen Offizier nach einer komplizierten Tauschaktion eingehandelt, verarbeitete sie nach Anleitung des Handbuchs *Der Deutsche Kürschner* zu einem Mantel, den er an die Frau eines englischen Majors verkaufte, das heißt eintauschte. Der Major überwachte das Abholzen des Lauenburger Forstes. Das Holz wurde als Reparationsgut nach England geliefert. Mehrere *abgezweigte* Festmeter Bretter bekam der Vater für diesen Fehmantel, die er sodann weitertauschte, gegen Zigaretten, Butter, Zucker, Kleider und Felle.

Diese Zeit der Improvisation, Findigkeit, Entdekkungsfreude in Klein- und Kleinstbetrieben ging schon Mitte der fünfziger Jahre zu Ende. Auch bei Pelzen wurde nun eine andere Qualität gefordert: ausgefallene, teure Pelzmäntel wie Biber, Ozelot, Luchs. Felle, deren Einkauf seinen finanziellen Rahmen sprengten. Auch die Schnitte der Mäntel, die Verarbeitungstechnik änderte sich. Er war kein gelernter Kürschner, arbeitete zu der Zeit nicht mehr selbst. Aber auch seine beiden Kürschner waren nicht in der Lage, elegante Schnitte für Stolen, Capes und Mäntel zu entwerfen.

Er konnte gut verkaufen. Er tat es so, als habe er es nicht nötig, als sei es eine Gefälligkeit. Groß, schlank, blond, im Sommer braungebrannt mit *blitzblauen* Augen, der *charmante Plauderer* mit den guten Umgangsformen, das war sein Kapital. Wenn ich die Fotos aus seiner Jugend betrachte, vermute ich, daß er dieses

Kapital in seiner Freikorpszeit im Baltikum ange-
sammelt hatte, im Umgang mit den adeligen Kameraden.

Zu Hause konnten weder seine resolut biedere Mutter noch der Onkel und die Tante, bei denen er in Coburg aufwuchs, dafür Vorbild gewesen sein. Solange er
dieser gutaussehende, interessante, witzige *Unterhalter*
war, kamen viele Kundinnen seinetwegen, bestanden
darauf, ausschließlich von ihm bedient zu werden. Das
waren Käuferinnen, die nicht auf den Preis achten
mußten, die dann mit den sich allmählich verfeinern-
den Modestilen zu den eleganten, großen Geschäften
in der Innenstadt abwanderten, zu *Levermann*, dem
größten Kürschnerbetrieb in Hamburg, bei dem ich
einmal lernen sollte, und zu *Berger*, der in seiner Extra-
vaganz als besonders *chic* galt. Mit dem Firmenschild
Berger konnte man den Pelzmantel auch mit der Fut-
terseide nach außen bei *Jacobs* hinhängen. Das Na-
mensschild *Pelz-Timm* – von dem ich noch eine Rolle
habe – machte trotz der schwungvollen Lettern P und
T wenig her. Die Mäntel, Jacken und Stolen, die dieses
Schild trugen, waren zwar solide verarbeitet, aber doch
recht bieder, keine raffinierten Schnitte, keine spekta-
kulären querverarbeiteten Silverblue- oder Topasnerze,
kein Breitschwanz natur.

Das Geschäft *lief nicht mehr*, die Umsätze gingen
zurück, und der Vater fuhr, inzwischen hatte er den
Chauffeur entlassen, in die Innenstadt und stand vor
den Schaufenstern der Kaufhäuser, in denen damals die ersten Nerzmäntel auslagen, wesentlich billi-
ger, als er sie selbst je hätte anfertigen können. Die
Mäntel, die viel Nähmaschinenarbeit erforderten, wur-

den in den – ein Wort, das damals auftauchte – *Billig-lohnländern* Jugoslawien und Griechenland gearbeitet.

Was für ein Pfusch, sagte er, sieh dir das an, die Haare eingenäht, sieht man ganz deutlich, und die Streifen schief und krumm. Er stand vor dem Schaufenster und sagte, man muß klagen, das ist unlauterer Wettbewerb. Die ruinieren das Handwerk. Er war, so wie er dastand, das, was er nie hatte sein wollen und wie er andere verächtlich nannte, ein kleiner Krauter.

Wenn der Karl-Heinz da wäre.

Der Bruder hatte sich Schnürstiefel gewünscht, wie sie damals Piloten trugen, Motorradfahrer, SA-Männer. Er sparte sein Taschengeld, bis er sich die Stiefel kaufen konnte. Ein Bild zeigt ihn in HJ-Uniform mit diesen Stiefeln, die hoch über die Waden reichten. Die Senkel wurden über die beidseitigen Haken geschnürt. Er wollte nach Afrika. Aber Rommel konnte man sich nicht aussuchen.

Ich habe meine ersten Jeans, ich war 14 Jahre alt, nach einem monatelangen zähen Kampf kaufen dürfen, unterstützt von der Mutter und von Massa. In diesen Jeans ging ich in die Stadt, und das Gehen war ein anderes, langsamer, eben das lässige Gehen, das der Vater, der den deutschen Infanterieschritt lobte, nicht mochte. Ich ging in das Amerikahaus, das damals an der Binnenalster lag. Dort wurden Filme gezeigt und Bücher ausgeliehen. Bildbände, so lernte ich die USA kennen. Fotos von den Wäldern, den Hochhäusern, den Seen, den Farmbetrieben, den Küsten: ein Land, das Weite versprach, Ferne ahnen ließ. Eine Gegenwelt zu dem Trümmerland, mit seiner quetschenden Enge, seinen Vorschriften und Anordnungen. Ich las Hemingway, kaufte mir zu den Jeans ein Kordhemd. Und ein in roten Kunststoff eingebundenes Buch, mit der Aufschrift Tagebuch. Es zeigt beim Durchblättern eine Tintenschrift, die ich entfernt als meine erkenne, klein und eigentümlich eckig versucht sie die Tagträume zur Sprache zu bringen: Büffelherden, Wasserfälle, Baumriesen. Dieses Wort: Wolkenkratzer.

Der Wunsch des Heranwachsenden war, dort eine Zeitlang zu leben, wenn nicht gar ganz auszuwandern. Ein Land, so stellte es sich in dem Amerikahaus dar, in dem fast immer die Sonne schien, in dem Milch und Honig flossen. Alles schien praktisch, einfach und solide zu sein. Was die beiden Hemden belegten, die mein Vater in dem Carepaket fand. Sie waren von einer Qualität, die von der Wäscherin, die auch bügelte, gelobt wurde. Die Manschetten hatten Knöpfe, keine Doppelmanschetten, die mit Manschettenknöpfen zugeknöpft werden mußten, eine Fummelarbeit, die meine Mutter oder ich dem Vater abnahm.

Den Karton hob meine Mutter auf, diesen besonders stabilen Pappkarton mit der Aufschrift: C. A. R. E. In ihm verwahrte sie die Christbaumkugeln, die bei der *Ausbombung* 1943 gerettet worden waren. Und nur nach und nach und über die Jahre, beim Ein- und Auspacken, gingen einige zu Bruch, bis die letzten und mit ihnen auch der Karton uns bei einem Wohnungsbrand im Jahr 1999 verlorengingen.

Die formelhafte Zusammenfassung der Eltern für das Geschehen war der *Schicksalsschlag,* ein Schicksal, worauf man persönlich keinen Einfluß hatte nehmen können. *Den Jungen verloren und das Heim,* das war einer der Sätze, mit denen man sich aus dem Nachdenken über die Gründe entzog. Man glaubte mit diesem Leid seinen Teil an der allgemeinen Sühne geleistet zu haben. *Fürchterlich* war eben alles, schon weil man selbst *Opfer* geworden war, Opfer eines unerklärlichen kollektiven Schicksals. Es waren dämonische Kräfte, die entweder außerhalb der Geschichte walteten oder Teil der menschlichen Natur waren, auf jeden Fall waren sie katastrophisch und unabwendbar. Entscheidungen, in die man sich nur schicken konnte. Und man fühlte sich vom Schicksal ungerecht behandelt.

Wie sah der Bruder sich selbst? Welche Empfindungen hatte er? Erkannte er etwas wie Täterschaft, Schuldigwerden, Unrecht?

Es gibt in seinen Aufzeichnungen, in seinen Briefen nur einen Hinweis, der diesen Mythos von der anständigen, tapferen Waffen-SS, der später von den Kameradschaftsverbänden verbreitet, aber auch zu Hause von den Eltern gepflegt wurde, in Frage stellt.

Am 25.7.43 schreibt er in einem Brief aus der Ukraine, aus der Nähe von Konstantinowka: *Wir sind in ein herrliches Quartier umgezogen, schön sauber und penibel wie bei uns. Hier unten gibt es auch sehr viele hübsche junge Mädchen – darum brauchst Du es nicht mit der Angst zu tun kriegen, ich lache mir ja doch eine an – äh ich meine, ich lache mir doch keine ...*

Scheinbar haben diese Leute hier unten noch nichts mit der SS zu tun gehabt. Sie freuten sich alle, winkten, brachten uns Obst usw., bisher lag nur Wehrmacht hier in den Quartieren.

Diesem Brief sind zwei Nelken beigelegt, getrocknet, eine Farbspur der Blütenblätter hat sich am Briefpapier abgedrückt, ein zartes Rosa. Seit sechzig Jahren liegen die Nelken in dem Brief, kommen aus einer Gegend, in der sich die Menschen auf die Deutschen freuten, weil sie bis dahin noch nichts mit der SS zu tun gehabt hatten. Vielleicht wurden ihm diese Nelken von einem ukrainischen Mädchen geschenkt. Und davor ein Satz, der witzig sein soll, aber spielerisch verrät, daß er einen Wunsch abwürgt: *Ich lache mir doch keine ...*

Es war den SS-Soldaten strikt verboten, Beziehungen zu ukrainischen Frauen und Mädchen aufzunehmen, die Herrenrasse sollte sich nicht mit den minderwertigen Slawen vermischen.

Im Tagebuch heißt es an einer Stelle: *Wir bauen die Öfen der Russenhäuser ab, zum Straßenbau.*

Offensichtlich wurden aus Holzhäusern die Steine der Öfen herausgebrochen, um damit die Straßen für die Lastwagen zu befestigen. Denn das zieht sich durch dieses Tagebuch: *Abfahrt, aber nach 500 m müssen wir zurück, Fahrzeuge kommen nicht durch den Schlamm. Alle 100 m muß geschoben werden. Straße wird schlechter kaum durchzukommen.*

Dieser Abbau bedeutete die Zerstörung der Häuser. Was haben die Menschen gesagt? Haben sie geweint? Verzweifelt versucht, den Deutschen klarzumachen, daß es entsetzlich war, im bevorstehenden Winter keinen Ofen zu haben?

Es wird von ihm niedergeschrieben, ohne auch nur einen Augenblick eine Verbindung zwischen den zerstörten Häusern in der Ukraine und den zerbombten Häusern in Hamburg zu sehen ... *bloß die Sorgen an zu Hause bleiben dann, täglich werden hier Fliegerangriffe der Engländer gemeldet. Wenn der Sachs bloß den Mißt nachlassen würde. Das ist doch kein Krieg, das ist ja Mord an Frauen und Kinder – und das ist nicht human.*

Es ist schwer verständlich und nicht nachvollziehbar, wie Teilnahme und Mitgefühl im Angesicht des Leids ausgeblendet wurden, wie es zu dieser Trennung von human zu Hause und human hier, in Rußland, kommt. Die Tötung von Zivilisten hier normaler Alltag, nicht einmal erwähnenswert, dort hingegen Mord.

Er war, als er das schrieb, 19 Jahre und drei Monate alt und sollte noch zwei Monate zu leben haben. Er hatte eine Lehre gemacht. Er war beim Jungvolk, dann in der HJ gewesen. Geländespiele. Schießübungen. Nachtmärsche. Er wurde *geschliffen*. Mit 18 Jahren kam er zum Arbeitsdienst, wurde im Herbst 1942 vor Stalingrad beim Straßenbau eingesetzt, kam zur Ausbildung der Waffen-SS nach Frankreich, wo er wieder *geschliffen* wurde. Dann, im Januar 1943, der Einsatz in Rußland.

Er hätte gern einen Tanzkurs gemacht, erzählte die Schwester. Aber dazu blieb keine Zeit. Und er hätte gern das Segelfliegen gelernt. Das war sein größter Wunsch – Fliegen.

Einmal erwähnt er in seinem Tagebuch ein besonderes Essen.

29.7.

im Dorf geschlafen, morgens fahren wir in Bereitstellung. 6 – 8 Arivorbereitung.

8 Uhr steigt der Angriff

tolles Granatwerferfeuer. Rösch und Herzfeld verw. Wir bringen mit Sp.W. (Spähwagen) die Verw. der Infanterie zurück

nachmittags fahren wir zum Minenaufnehmen – wir müssen Minen vor den Panzern aufnehmen. Toller Feuerzauber vom Russen. Unsere Panzer feuern über uns weg. Uscha (Unterscharführer) Wagner schwer verw. 6 Mann nehmen 59 Minen auf – es geht zurück mit Verw.

Granatwerfereinachlag neben Spähwagen. Schwarz und ich verw. – beim Hauptverbandplatz. 5 cm3 Spritze und verbunden, wir beide werden zum Tross geschickt – im Soldatenübernachtungsheim übernachtet – im H.V.P. (Hauptverbandsplatz) Marmeladestullen gegessen.

Inzwischen habe ich andere Tagebücher und Briefe gelesen, solche, die durchaus die Leiden der Zivilbevölkerung wahrnehmen, die Empörung äußern, und andere, in denen mit größter Selbstverständlichkeit von der Tötung der Zivilisten, Juden wie Russen, berichtet wird. Es ist die angelernte Sprache, die das Töten erleichtert: Untermenschen, Parasiten, Ungeziefer, deren Leben schmutzig, verkommen, vertiert ist. Das auszuräuchern ist eine hygienische Maßnahme.

In dem Tagebuch des Bruders findet sich keine ausdrückliche Tötungsrechtfertigung, keine Ideologie, wie sie in dem weltanschaulichen Unterricht der SS vorgetragen wurde. Es ist der *normale* Blick auf den Kriegsalltag.

Was er der Mutter schreibt, was er dem Vater schreibt und was er in dem Tagebuch festhält. Es sind unterschiedliche Dosierungen vom Kampfbericht. Beide, Vater und Sohn, waren übereingekommen, der Mutter nicht zu schreiben, daß er schon im Einsatz war, sie also zu *schonen*.

Brief an die Mutter vom 22.7.1943: *Es ist ja in einer Art traurig, wenn wir nie eingesetzt werden, man kann nie zu Auszeichnungen kommen und wird ständig als Spund angesehen.*
Aber Du weißt, daß ich da wenig drauf gebe, die Hauptsache ist, ich komme ganz nach Hause.

Zu der Zeit war er schon seit Monaten im Einsatz, war an der Rückeroberung Charkows beteiligt gewesen und im Juli in der Schlacht bei Kursk eingesetzt worden, was er 14 Tage vor dem Brief an die Mutter im Tagebuch eingetragen hatte, flüchtig geschrieben, der Schrift ist anzusehen, was unterwegs, auf einem Panzer oder Lastwagen, was in einem Schützengraben oder in einem Quartier geschrieben worden ist. Alles wurde mit einem Bleistift geschrieben, der noch immer in diesem kleinen Kästchen liegt. Zuweilen löst sich die Syntax auf, verstümmelt, zerstückt, kaum daß es Interpunktionszeichen gibt, die Schrift zerfließt.

5.7.

0.30 Abfahrt zum Bereitstellungsraum. 3–4 St Ari und D-Werfer Vorbereitung. Ab 4 Uhr Stukaangriff TV (Totenkopfverbände) *im Angriff über Minenfeld Solo Kräder kaputt über gesprengten Panzergraben über Russengräben 2 Schichten Bunker usw. Panzer durch Bach geschleust. Tiger bleiben stecken nichts zu essen Ladung von Brücke entfernt Brücke ausgebessert Holzminen gesprengt Handgrant Tiger Ketten ganz ausgerissen. Nacht auf Rollbahnstellung. Kursk – Bjegorod*

6.7.

Fahrt in neuen Angriffsraum. Durchkommen unmöglich. Um 4 Uhr greifen 73 russische englische Panzer an ganz schwere Dinger Michels Wagen bekommt Treffer vom Panzer und geht in die Luft vollkommen weg 400 Meter weit Motor und Panzerplatten unser Wagen brennt alles steigt aus Berg Janke und ich bleiben drin ich werfe alles was brennt raus mit vollgas aus dem Flammenmeer reisse den Panzer aus dem Feuer der Russen sind raus. Wilhelm (tot) Gerd Klöpfer verw.

7.7.

immer noch Bereitstellung unsere Panzer kommen hier nicht durch und gehen links zum Angriff über.

8.7.

Wir fahren zurück zur Komp. großes Entsetzen. Gleich wieder fort zur Panzer R. verfahren auf der Rollbahn übernachtet

9.7.

Ankommen bei der Panzer Di Komp. nach zwei Stund Abmarsch zum neuen Einsatz, im Wald übernachtet Flieger kommen einfach toll wie das kracht

10.7.

Kein Einsatz. Im Wald. Essen gut.

11.7.

Am Tage warten. Ich habe Wache. Es geht ab. Im Be-
reitstellungsraum morgens Ankunft

12.7.

Absitzen. Holz fällen, damit Panzer durchkommen
Abends in Stellung

13.7.

In der ausgebauten Stellung Arifeuer. 2 m vom Loch
17,2 Mittag Panzer T34 3 am Loch vorbei wir müssen
zurück enorme Übermacht Kriel und Jauch verwundet
und vermißt
tolles Ari und MG Feuer der Russe auf uns Schwarz,
Konig, Reinecke und ich sind durch
um 2 Uhr Lemke und ich vor um Kriel und Jauch zu ho-
len. Schuß am Stahlhelm. MG. es geht nicht wir müssen
zurück
Nachts prima ausgeschlafen.

Das war das Zentrum der Schlacht bei Kursk, wo die
drei sogenannten Elitedivisionen eingesetzt worden
waren, die SS-Divisionen *Das Reich*, die *Leibstandar-*
te und *Totenkopf*, von dieser Schlacht behauptete der
Vater, wie später auch die Militärhistoriker, sie, die
Kursker Schlacht, und nicht Stalingrad, sei der Wende-
punkt im Krieg gewesen.

Der Vater las geschichtliche Werke und die Memoi-
ren der Generäle und Luftwaffenoffiziere, die Anfang der fünfziger Jahre erschienen. General Galland:
Die Ersten und die Letzten – Jagdflieger im Zweiten
Weltkrieg. Panzergeneral Guderian: *Erinnerungen ei-*

nes Soldaten. Und vor allem *Verlorene Siege* von Generalfeldmarschall v. Manstein, der in dem 664 Seiten umfangreichen Buch nachzuweisen sucht, daß die Wehrmacht, insbesondere er, wäre nicht Hitler, *der Gefreite*, mit seinen Befehlen dazwischengekommen, höchst erfolgreich operiert hätte. Ausführlich behandelt v. Manstein die Schlacht bei Kursk.

Die deutsche Offensive begann am 5. Juli 1943 mit 900 000 deutschen Soldaten, 10 000 Geschützen, 1026 Panzern und 1830 Flugzeugen. Dem standen 1,3 Millionen Rotarmisten mit 20 300 Geschützen, 3600 Panzern und 2600 Flugzeugen gegenüber. Am 10. Juli heißt es: Südlich von Kursk rollten zwei Panzerlawinen aufeinander zu. Gegen Abend bedeckten Hunderte von brennenden Kampfwagen beider Armeen das Feld. Aber noch war unentschieden, wer hier die Initiative wieder an sich reißen würde. Am 13. Juli schreibt der Bruder in sein Tagebuch: *Es geht nicht. Wir müssen zurück.* Am selben Tag kommt es zu einer Unterredung zwischen Hitler und Generalfeldmarschall v. Kluge, der die Heeresgruppe Mitte kommandiert, und dem Kommandeur der Heeresgruppe Süd, Generalfeldmarschall v. Manstein. V. Kluge will den Kampf abbrechen, v. Manstein will die Schlacht *durchschlagen*. Manstein begründet seinen Willen zur Weiterführung des Unternehmens mit den schweren Verlusten der Roten Armee. Schätzungen lagen bei etwa 70 000 Mann, darunter 17 000 Tote. Gezählt wurden 34 000 Gefangene und 6547 Überläufer. Die deutschen Angriffsverbände hatten 3300 Gefallene und 7420 Verwundete gemeldet – Verluste, die sich später auf 20 720 erhöhen sollten.

Hitler wählte einen Kompromiß, indem er v. Kluge das Ausweichen und v. Manstein die Fortsetzung des Angriffs erlaubte. V. Manstein gab in seinem Buch letztendlich Hitler die Schuld an dem verlorenen Krieg.

Es ist aus heutiger Sicht kaum nachvollziehbar, daß nach dem Krieg und mit dem Wissen um die systematische Tötung – *die Ausrottung* – der Juden öffentlich eine breite, ernsthafte Diskussion darüber geführt werden konnte, wie man den Krieg doch noch hätte gewinnen können.

Die Diskussionen zu Hause, wenn die Kriegsteilnehmer sich trafen, Westentaschenstrategen, um immer wieder auf die Dreh- und Angelpunkte des Krieges zu sprechen zu kommen: diese Fehlentscheidungen Hitlers, Görings, Generalfeldmarschall Keitels, genannt *Lakeitel*. Ein Wechsel in der Strategie. Die Luftwaffe sollte plötzlich zivile Kriegsziele angreifen, also London, Coventry, Bristol und Swansea, statt weiterhin Flughäfen und Flugzeugwerke zu bombardieren und dadurch die Luftherrschaft für die spätere Invasion zu gewinnen. Und immer wieder Dünkirchen – was rankten sich darum für Gerüchte, wie so oft verbunden mit einer antisemitischen Verschwörungstheorie. Warum hat Hitler das XII. Panzerkorps vor Dünkirchen angehalten? Dadurch konnte das britische Expeditionskorps mit 200000 Mann nach England entkommen. Und dann der ganz und gar entscheidende Fehler, der Angriff auf die Sowjetunion, erst am 21. Juni 1941, weil zuvor noch Jugoslawien angegriffen und besetzt worden war. So kam es, daß fünf entscheidende Wochen fehlten. Die Truppen standen vor Moskau, als der Winter einbrach und so weiter. *Gefrierfleischorden, Hitlersäge, Heimatschuß.* Das sind einige der Worte, die mich in meiner Kindheit begleitet haben und gleichermaßen Verrohung und Verdrängung in der Sprache wiedergeben.

Vom Krieg erzählten auch die Zeitschriften und Landser-Hefte, Billigbroschüren mit Erlebnisberichten. Das klang dann so wie bei der Truppenkameradschaft der SS-Totenkopfdivision: *Die russischen Panzer müssen Dynamit an Bord haben, anders lassen sich die ungeheuren Explosionen nicht erklären. Zentnerschwere Laufräder werden über weite Strecken durch die Luft gewirbelt. Wir können den für uns völlig überraschenden Angriff auffangen. Die Pioniere vor uns haben schwere Verluste. Sie haben mit ihren Hafthohlladungen die Panzer angesprungen und geknackt. Vor den berstenden Panzern hat jedoch keine Deckung ausgereicht. Einige Pioniere sind von den durch die Luft wirbelnden Eisenbrocken buchstäblich erschlagen worden.*

Die Kriegsabenteuer. Die Wehrmacht als Reiseunternehmen. Eine Vorwegnahme des späteren Wohlstandstourismus. Auch der gemeine Soldat kam ja als Sieger, als Herr, und, was er von dort erzählte, war auch nach der Niederlage noch durchstimmt von dem Wunsch, der nicht zuletzt die emotionale Kraft für die Eroberungskriege gegeben hatte, dem Wunsch nämlich – sich zu bereichern: Lachs aus Norwegen, die gute Butter aus Dänemark, und dann – *natürlich* – Frankreich: Seidenstrümpfe, Trüffel, Wein, Champagner. *Als Soldaten waren sie ziemlich schlapp, aber die Lebensart, also wirklich – tipptopp.* Und die Frauen? *Einfach Klasse.*

Und der Osten? Der Osten war weit. Getreide, Bodenschätze, alles riesig. Flöhe, unwegsame Straßen, die Menschen gutwillig. Keine Ordnung. Einmal in eine russische Kate gucken. Unglaublich. Der Osten, das war Lebensraum, Lebensraum für die verdienten Kämpfer der SS, die künftigen Erbhofbesitzer. Die adretten Bauernhäuser im Fachwerkstil waren von den Siedlungsbeauftragten schon in Planung gegeben worden. Man konnte die Modelle besichtigen. Aber in dem Siedlungsland lebten zunächst einmal noch Millionen von Russen, Polen, Ukrainern und Juden. Auch dafür gab es Lösungen: die *Umsiedlung* für die slawischen *Untermenschen* und die *Endlösung der Judenfrage.* Endlösung. Ein Wort, das für immer geächtet bleiben wird. Und ein Beleg dafür, daß auch die Sprache, die deutsche, ihre *Un-schuld* verloren hat. Wie auch all die Abkürzungen, einige sind wie ein Brandmal der deutschen Sprache aufgedrückt und bleiben unvergessen: SS, SD, SA. Andere Abkürzungen sind inzwischen nur noch über spezielle Lexika zu ermitteln: RFSS, OBH, RuSHA – Wortverfinsterungen, die weit in die Nachkriegszeit hineinreichten. Die Kommißsprache, die Sprachverstümmelungen, die ihre Entsprechungen in körperlicher Versehrtheit fanden: die Hinkenden, an Krücken Gehenden, die mit einer Sicherheitsnadel hochgesteckten leeren Jackenärmel, die umgeschlagenen Hosenbeine, die quietschenden Prothesen.

Der Vater war bei der Luftwaffe. Davon erzählte er, von seinen Aufklärungsflügen über Finnland und Rußland. Die Luftwaffe hatte mit dem Mord an den Juden nichts zu tun, sagte er. Die hatte nur tapfer gekämpft. Und doch, das war ein früher, zäher Streit, hatte auch sie, jeder einzelne der *tapferen* und *anständigen* Soldaten mitgeholfen, den industriellen Massenmord in Gang zu halten. *Davon haben wir nichts gewußt. Die anständige Luftwaffe. Die anständige Marine. Die anständige Wehrmacht. Die anständige Waffen-SS.*

Meine die Recherchen begleitende Furcht war, daß seine Einheit, das SS-Panzerpionier-Btl. 3, und damit auch der Bruder, an der Erschießung von Zivilisten, von Juden, von Geiseln beteiligt war.

Aber das war, soweit ich herausfinden konnte, nicht der Fall. Es war nur der *normale* Kriegsalltag: *75 m raucht Iwan Zigaretten, ein Fressen für mein MG.*

Die Waffen-SS trug dieselbe Uniform wie die SS-Wachen der KZ.

Die Vätergeneration, die Tätergeneration, lebte vom Erzählen oder vom Verschweigen. Nur diese zwei Möglichkeiten schien es zu geben, entweder ständig davon zu reden oder gar nicht. Je nachdem, wie bedrükkend, wie verstörend die Erinnerungen empfunden wurden.

Die Frauen und Alten erzählten von den Bombennächten in der *Heimat*. Das Fürchterliche wurde damit in Details aufgelöst, wurde verständlich gemacht, domestiziert. Es löste sich meist beim gemütlichen Zusammensein in Anekdoten auf, und nur sehr selten, urplötzlich, brach das Entsetzen hervor.

Einmal sah ich den Vater, wie er am Heizungskamin stand, die Hände auf dem Rücken, der Wärme entgegengestreckt. Er weinte. Ich hatte ihn nie weinen sehen. *Ein Junge weint nicht.* Das war nicht nur ein Weinen um den toten Sohn, es war etwas Sprachloses, was sich in Tränen auflöste. Wie er da stand und weinte, war etwas von dem Grauen der Erinnerung gegenwärtig, abgrundtief verzweifelt, kein Selbstmitleid, ein unsägliches Leid, und auf meine Fragen schüttelte er immer wieder nur den Kopf.

Was waren das für Bilder, die ihn bedrängten? Vielleicht war das, was er in einem Lager für russische Kriegsgefangene gesehen hatte und erzählte, nur ein Beispiel für das Fürchterliche, das noch erzählt und in Worte gefaßt werden konnte. Wie ein russischer Gefangener versuchte zu fliehen und der Posten auf ihn schoß, dem Mann die Schädeldecke wegschoß, worauf andere Gefangene sich auf den Toten gestürzt und das *dampfende Gehirn gegessen* hatten. Einen schrecklichen Moment hatte ich den Verdacht, daß er es war, der geschossen hatte, aber dann sagte ich mir, daß es bei seinem Rang doch recht unwahrscheinlich gewesen wäre. Er tat ja nicht Dienst mit einem Karabiner.

Ich habe, als ich mit dieser Arbeit begann, mit diesem Versuch, über den Bruder zu schreiben, das Buch von Christopher R. Browning gelesen: *Ganz normale Männer. Das Reserve-Polizeibataillon 101 und die »Endlösung« in Polen.* Was Browning belegt, anhand von Prozeßaussagen der damals noch lebenden Männer, ist, daß sie, als der Befehl kam, jüdische Zivilisten zu erschießen, Männer, Frauen und Kinder, den Befehl hätten verweigern können, ohne Disziplinarstrafen befürchten zu müssen. Es gab dafür Beispiele, auch in diesem Bataillon. Allerdings traten nur 12 von den etwa 500 Soldaten vor, gaben ihre Karabiner ab und bekamen andere Aufgaben.

Diejenigen – also die meisten, man müßte sagen, fast alle –, die nicht vortraten, nicht nein sagten, die gehorchten, töteten, nach anfänglichen Skrupeln, von Mal zu Mal selbstverständlicher, rücksichtsloser, mechanischer – Tatbeschreibungen, die zu lesen man sich zwingen muß – das Unfaßliche.

Vom Juli 1942 bis November 1943 wurden von den Männern des Reserve-Polizeibataillons 101 nach *Vollzugsmeldung* 38 000 Juden erschossen.

1967 wurde gegen 14 Mitglieder des Bataillons ein Prozeß in Hamburg eröffnet. Drei Offiziere wurden zu jeweils acht Jahren, zwei Unterführer zu einmal fünf, einmal sechs Jahren Gefängnis verurteilt. Die anderen Angeklagten verließen als freie Männer das Gericht. Keiner der Angeklagten zeigte ein Unrechtsbewußtsein. Alle beriefen sich auf Befehl und Gehorsam. Die Strafen wurden später stark reduziert.

In einem Armeebefehl vom 20. November 1941, der an alle Regimenter und Bataillone weitergegeben wurde, hat Generaloberst v. Manstein, der später als Generalfeldmarschall die Heeresgruppe Süd befehligen sollte, in der mein Bruder kämpfte, geschrieben: *Das jüdisch-bolschewistische System muß ein für allemal ausgerottet werden. Nie wieder darf es in unseren europäischen Lebensraum eingreifen.*

Generalfeldmarschall v. Manstein, *der strategische Kopf*, war beim Aufbau der Bundeswehr als Berater tätig. Er, der behauptete, der Krieg sei durch die fehlerhafte Führung Hitlers verlorengegangen, und in seinem Buch *Verlorene Siege* ausführlich über seine eigenen Planungen, Konzepte, Entscheidungen und Befehle schreibt, erwähnt den Tagesbefehl nicht: *Das jüdischbolschewistische System muß ein für allemal ausgerottet werden.*

Von Gefangenen steht in dem Tagebuch und auch in den Briefen des Bruders nichts. Warum war das nicht erwähnenswert?

Ich habe jetzt eine prima Random Pistole gefunden, die werde ich mit nach Hause nehmen, denn es war ja schon immer mein Schwarm son Ding zu haben; das ist so 'ne Pistole mit 3facher Sicherung und Handballenauslösung also prima, eine tadellose braune Tasche dazu ist auch mit dabei. Jetzt habe ich zwei Pist.: 1,08 und eine Random. Polnische Armeepist.

Munition habe ich auch genügend, denn es ist die gleiche wie bei der 08.

Du sollst mal sehen, wie ich mit dem Ding schieße, besser wie mit dem Gewehr. Die kleinen Dinger von den Telefonmasten aus Porzellan hol ich Dir mit dem Ding eine nach der anderen herunter.

Nun liebe Mutsch will ich schließen, schreibe mir bald wieder.

Primo Levi schreibt in *Die Untergegangenen und die Geretteten*, wie fürchterlich es war, in den Lagern keine Briefe, keine Nachrichten von Freunden und Verwandten zu bekommen, was bei den jüdischen Häftlingen auch nicht möglich war, entweder waren Verwandte,

Freunde in einem anderen Lager, oder sie waren schon umgebracht worden. Es war dieses Schweigen, dieses Verlassensein, das zu all den Demütigungen, dem Hunger, den Krankheiten, dem Durst und dem Solidaritätsverlust unter den Gefangenen hinzukam. Diese tiefe Verlassenheit, die aus dem Wissen erwächst, nicht mehr erinnert zu werden.

Nun liebe Mutsch will ich schließen, schreibe mir bald wieder.

Fast alle haben weggesehen und geschwiegen, als die jüdischen Nachbarn abgeholt wurden und *einfach* verschwanden, und die meisten schwiegen abermals nach dem Krieg, als man erfuhr, wohin die Verschwundenen verschwunden waren.

In diesem Schweigen sieht Primo Levi die tiefste Schuld der Deutschen. Dieses *Totschweigen* war schrecklicher als das langatmige Reden derjenigen, die sich mit dem Wir-haben-nichts-gewußt zu entschuldigen suchten. Letztere stießen den Jugendlichen ab – und meine Erinnerung daran ist genau –, wenn sie wie unter Rechtfertigungszwang – oft ungefragt – damit begannen, Gründe aufzuzählen, warum sie nichts gewußt haben konnten. Immerhin regte sich bei ihnen ein Gewissen, das daran mahnte: Man hätte etwas wissen können.

Es war nicht nur eine gekränkte, sondern auch eine kranke Generation, die ihr Trauma in einem lärmenden Wiederaufbau verdrängt hatte. Das Geschehen verschwand in den Stereotypen: Hitler, der Verbrecher. Die Sprache wurde nicht nur von den Tätern öffentlich mißbraucht, sondern auch von denen, die von sich selbst sagten, *wir sind noch einmal davon gekommen.* Sie erschlichen sich so eine Opferrolle.

Zum ersten Mal erlebte ich den Vater angetrunken auf einem Ausflug in die Lüneburger Heide. Die Kürschnerinnung fuhr im Frühjahr, wenn der erste Spargel gestochen wurde, nach Sudermühlen. Es wurde getafelt, viel, sehr viel, Spargel, Kartoffeln und Katenschinken, dazu gab es Weißwein, irgendeinen Mosel, oder Rheinwein, *Katzenstriegel, Liebfrauenmilch* oder dergleichen. Es wurde im Wirtshausgarten gegessen, es war ein Tag von jener durchsonnten Wärme, die durch einen leichten Ostwind noch einen Stich winterlicher Kälte in sich trägt. Die Mutter hatte sich ihre Nerzstola geholt. Der Vater, der damals irgendeinen Vorsitz in einer Kommission der Innung innehatte, saß an der langen weißgedeckten Tafel und unterhielt die um ihn sitzenden Kollegen und deren Frauen. Es wurde viel gelacht, und er lachte laut mit, auffallend laut. Eine Stimmung, die das Kind mochte. Die Erwachsenen schienen ihre Macht vergessen zu haben. Er sei, wie er später im Wagen sagte, besonders fidel gewesen. Massa hatte uns gefahren, denn unter den Gästen saßen auch Rauchwarenhändler, die Wechsel prolongieren mußten, und nichts sollte darauf hinweisen, daß der Rubel nicht rollte. *Der Rubel rollt.*

Nur daß dieser Zustand des *Fidelseins* sich immer öfter wiederholte, der Vater aber nicht wirklich fidel war, immer ruhiger, stummer, schließlich auch stumpfer wurde, wenn er getrunken hatte. Er ging schon am Nachmittag in eine der Gastwirtschaften, in denen auch Freunde und Bekannte saßen, man traf sich zu einem Bier, zu einem Schoppen Wein, so hieß es, aber es waren dann doch mehrere Biere und Weine, und später, 1957/1958, kamen dann auch die Klaren dazu, der Cognac beim Vater. Sicherlich waren die Sorgen ein Grund für das Trinken, diese niederdrückenden Sorgen. Der Rückgang des Geschäfts, das Anwachsen der Schulden, das überforderte ihn. Herrn Kotte fehlten die Kenntnisse und auch das Können für die gewünschten Neuanfertigungen und dem Vater sowieso. Der *Karlmann* fehlte. Er fehlte nicht nur als Fachmann, der ja der Vater nicht war, sondern als Stütze, der Junge, der nicht nur Sohn war, sondern auch Freund und Kamerad, jemand, der all die eigenen Wünsche verwirklichte und doch voller Achtung, ja Liebe an einem hing – so blieb er, der große Junge, für immer in der Erinnerung des Vaters aufgehoben.

Das Wort können. Noch fehlte es dem Nachkömmling, mir, an fachlichem Können – 1956 war ich im zweiten Lehrjahr –, um die Werkstatt zu leiten, Schnitte zu entwerfen, Gesellen anzuleiten. Doch reichte es schon aus, das Versagen, das Nichtkönnen des Vaters zu erkennen. Das hätte sicherlich auch er, der Bruder, gesehen, aber es wohl mit einem anderen Verstehen begleitet, also von der Auszeit des Krieges, der Ausbombung, der Gefangenschaft, dem Neuanfang, gedeutet, von dieser Zwischenzeit her.

Eben die Abwesenheit des Bruders bewahrte dessen bewundernden Blick auf ihn, den Vater, und damit auch das Bild, das er einmal von sich selbst gehabt hatte. Es war nicht nur der Vater gescheitert, sondern mit ihm das kollektive *Wertesystem*. Und er selbst war, wie die vielen anderen – wie fast alle, bis auf die wenigen, die Widerstand geleistet hatten –, an der Zerstörung dieser Werte beteiligt gewesen. Die Reaktion darauf waren Trotz oder Verdrängung. Dringliche Fragen wurden vom Vater damit entkräftet: Du hast keine Ahnung. Du hast das nicht mitgemacht. Aber eben das hatte er, der Bruder. Er hatte all das erlitten. Er hatte sich geopfert.

Diese Verabsolutierung von Erfahrung: *man muß das erlebt haben,* richtete sich im Fachlichen gegen ihn. Von Jahr zu Jahr wurde ich kompetenter in allen handwerklichen Fragen. So daß, wollte er mir etwas über die Probleme bei der Anfertigung eines Nerzmantels erklären, ich nur lachen konnte. Ja, ich lachte tatsächlich. Und natürlich war ihm seine Inkompetenz bewußt, was ihn nur um so autoritärer reagieren ließ. Und oft war beides auf vertrackte Weise vermischt, das Politische mit dem Fachlichen, nahm das eine vom anderen seinen Ausgang. Es ging ums Rechthaben. Wir stritten uns immer lauter, schließlich brüllten wir uns an. Ich kam von meiner Lehrfirma – die durch billige Zukäufe *arisierter* Betriebe zum größten Kürschnergeschäft in Hamburg geworden war – am späten Nachmittag nach Hause, das heißt in das väterliche Geschäft, und – eines der deutlichen Erinnerungsbilder – der Vater blickte über die Ausbauerwand hinweg nach draußen, wartete auf Kundschaft. Wenn eine Passantin an das Schaufenster kam, trat er langsam ein, zwei Schritte zurück, um nicht gesehen zu werden.

Ende der fünfziger Jahre entfloh er diesem Warten immer öfter auf einen Kaffee und mehrere Cognacs in eine der umliegenden Kneipen, zuletzt meist zu *Bei Papa Geese*. Eine kleine Gastwirtschaft, die zwei Häuser entfernt lag. Noch vier, fünf Jahre zuvor hätte ihn allein der spießige Name abgehalten, die Kneipe zu betreten. Es war nicht nur die Flucht vor dem immer länger werdenden Warten auf Kundschaft, es war die Flucht vor einem anderen Warten, einem Warten auf etwas, das immer kleiner, immer ferner, immer grauer wurde – das ganz andere Leben, abenteuerlich und voller Gefahren, reich an Überraschungen, erfüllt und glücklich. So saß er *Bei Papa Geese*, gleich nebenan, dort konnte man ihn, wenn eine wichtige Kundin kam, holen. Er lutschte dann einen von den Pfefferminzbonbons, *Dr. Hiller*, die er in der Tasche seines weißen, immer offen getragenen Kittels hatte.

Wie ertrug sie das, die Mutter, die ihn ja kannte als den geselligen Mann, *charmant* und einnehmend? Wie ging sie damit um, diese so disziplinierte, stets freundliche Frau? Sie hat versucht, ihn, den mächtigen Vater, zu schützen. Ohne dabei nach außen auch nur das geringste Zeichen zu geben, daß sie es fürchterlich fand, wenn er angetrunken war, unsicher im Schritt, sich schwer auf den Stuhl fallen ließ und dasaß, am Schreibtisch die Asche verstreute, die brennende Zigarette ihm zuweilen aus der Hand fiel. Komm, Hans, geh ins Bett. Kein noch so geringes Zeichen zu mir oder zu meiner Schwester, kein Verdrehen der Augen, kein Kommentar, auch dann nicht, wenn er ins Bett gegangen war, kein Kopfschütteln, kein Kommentar.

Er war innerlich wund geworden von einem Schmerz, dessen Ursache schwer benennbar war, die

Last angehäufter Enttäuschungen, das Gleichgültig-
werden der Ereignisse, der langsame Wunschverlust.
Er las nicht mehr. Er erzählte nur noch selten und dann
auch nur, wenn er getrunken hatte. Er stand morgens
spät auf. Der Krawattenknoten, früher stets exakt ge-
bunden und zugezogen, hing ihm unter dem offenen
Kragenknopf. Im Geschäft saß er in einem Sessel und
blickte durch die offene Ladentür hinaus in den Sommer. Aber so, wie er saß und hinausblickte, war es kein
Warten mehr auf Kundschaft.

Zu der Zeit war es schon die Mutter, die den Laden
führte, auch in der Werkstatt immer mehr Aufgaben
übernahm. Mit dem *finanziellen Kram* hatte sie nichts
zu tun, das machte noch der Vater. Die Selbständigkeit
war gefährdet, das wußte sie.
Sich mit Anstand durchs Leben schlagen.

Elim. 12 Quellen und 86 Palmen in der Wüste. Eine
Oase der Rast.

Ich machte die Streckübungen und lief dann los, heute
morgen, am 6. März, die Sonne war eben aufgegangen.
Der Himmel wolkenlos und noch von einem ge-
deckten Graublau. Die Bäume, die Büsche in einem
noch durchsichtigen Hellgrün, dazwischen die ersten
weißblühenden Wildkirschen.
Ich lief am Eisbach entlang, der hier einem kleinen
Wasserfall entgegenfließt. Der alles überwölbende Gesang der Amseln, das metallene Schmettern der Buch-
finken. Kühl war es, nur wenig über dem Gefrierpunkt.
Ich lief durch den Englischen Garten, lief zu der Wie-

se, auf der ein einzelner Baum, eine große Linde, steht. Auf dem Rasen der Schatten – weiß. Raureif. Die unteren Äste und Zweige waren schon von einem ersten Hauch Grün überzogen. In einer wulstförmigen Asthöhlung des mächtigen Stamms war eine kleine Marienfigur aus Terrakotta eingewachsen. Ein leuchtendes Blau in der braunen Borke.

Noch im Laufen wußte ich, heute würde ich, was ich seit Wochen aufgeschoben hatte, über sie schreiben können.

33 Jahre hat die Mutter den Vater überlebt. 89 Jahre wurde sie alt. Jedesmal, wenn wir telefonierten, war ich über ihre Stimme überrascht, eine so jung klingende Stimme, ein so unverändert helles Lachen. Die Stimme, vor allem dieses Lachen, hätte einem Mädchen gehören können. Sie erzählte von kleinen Begebenheiten, von Leuten, die sie getroffen hatte, aber es begab sich nicht mehr so viel wie früher, als sie noch das Geschäft hatte.

Sie erzählte mit einem guten Sinn für Komik. Ich mochte dieses Lachen, so nah, körperlich, auch jetzt ist es das Lachen, das sie mir vor Augen führt, sie sitzt in einem in der *guten Zeit* angeschafften Chippendalesessel und lacht, sie biegt sich beim Lachen in der für sie so typischen Körperbewegung ein wenig nach hinten, hebt die Hand, die rechte, und tippt sich leicht auf den Schenkel. Es war nie ein schadenfrohes Lachen. Ihr Blick für die Sonderbarkeiten, für die Abweichungen, ein Blick, der nicht gehässig war, sondern lediglich die Varianten bemerkte, die vielen Möglichkeiten, die das Leben mit sich brachte. Ihnen gab sie Namen, wie auch den Kundinnen, Namen, die, wenn man deren Trägerin traf, sogleich etwas Einsichtiges hatten: die *Schreiemma*, die *Geldschwimmerin* oder das *Sportbein*. Mit der Benennung verbanden sich Beobachtungen, Erlebnisse und Geschichten, die sie durch neue Beobachtungen anreichern konnte und die so zu einer subversiven Gegenwelt wurden. Eine Stimme, die, je älter sie wurde, desto mehr in den Hamburger Tonfall fiel. Vielleicht hatte ich mich aber auch, in München lebend, dem Hamburger Dialekt entwöhnt, und empfand darum dieses Ausruhen auf den Vokalen so überdeutlich.

An einem Nachmittag rief meine Schwester an, weinend, kaum verständlich. Die Mutter hatte einen Schlaganfall bekommen, war in das Krankenhaus *Elim* gebracht worden.

Sie lag in einem Zimmer zusammen mit einer pensionierten Studienrätin. Die Krankenschwester, eine schon ältere Frau mit einem ostpreußischen Tonfall, sagte, reden Sie mit ihr, reden ist wichtig. Ich saß an ihrem Bett und erzählte von dem Flug, von den Kindern. Langsam und wie aus großer Ferne kam sie zu sich, sah mich an, hielt mir ihre rechte Hand hin, eine so zarte, leichte Hand, und doch drückte sie meine fest. Nach links war ihr Gesicht weggerutscht, und ein Zucken ging über die rechte Gesichtshälfte.

Sie lag da, halbseitig gelähmt, ein Lallen kam aus ihrem Mund, aber mit der Rechten, mit den Fingern drückte sie mir die Hand, dreimal kurz. Es war das Zeichen, mit dem wir uns verständigten, wenn ich als Kind mit ihr durch die Stadt ging und wir uns wortlos auf etwas aufmerksam machen wollten: eine Frau mit einem sonderbaren Krähenhut, der Mann mit dem nervösen Zucken im Gesicht.

Wir gingen durch die Innenstadt und einmal in der Woche in ein Café am Gänsemarkt, oder aber in den *Alsterpavillon*. Wir saßen und aßen Torte, sie trank Kaffee, ich bekam Kakao, und noch heute sitze ich am liebsten in Cafés, in denen ältere Frauen mit Topfhüten sich treffen. Wir saßen zwischen den kuchenessenden, schwatzenden Leuten und stellten Überlegungen an, was die Frauen wohl taten, woher sie kamen, ob sie Kinder hatten, ob die Männer noch lebten und was die von Beruf gewesen waren. Eine bewegende Lust am Erfinden, am Ausdeuten von Lebensläufen. Dann gingen wir nach Hause. Sie trug, ging sie aus, stets einen Hut und Handschuhe, im Sommer weiße Garnhandschuhe, deren einen sie, den rechten, auszog, wenn sie mich an die Hand nahm.

Ein Foto zeigt ihre Eltern, im Wohnzimmer ihres Hauses sitzend, das noch im Stil der Gründerjahre eingerichtet ist, mit dem Klavier, dem mächtigen Vertiko, den Bildern, der gemusterten Tapete, in einem behäbigen Wohlstand, mit einigen mondänen Zutaten, der Schreibtisch, die Lampen sind im Jugendstil gehalten. Mein Großvater muß in der Zeit sehr gut verdient haben, es war ja die Zeit der Hüte, große, breitkrempige Hüte mit Pfauenfedern, und später, nach dem Krieg, kamen die Topfhüte in Mode. Frauen trugen, kamen sie nicht vom Land, Hüte, wie die Mutter es bis ins hohe Alter tat.

Der Großvater sitzt im Sessel, die Zigarre in der Hand, neben ihm die Frau, die er, nachdem seine erste Frau gestorben war – meine Mutter war damals zwei Jahre alt –, geheiratet hatte, eine kleine, unförmige Frau, mit einem, man kann es nicht anders sagen, stechend bösen Blick. Niemand konnte verstehen, warum er diese Frau geheiratet hatte, die nur eins konnte, gut wirtschaften. Möglicherweise war eben das der Grund, sie zu heiraten, das Geld beisammenzuhalten und zu mehren. Sie wurde die Stiefmutter, also meine Stiefgroßmutter. Ihre Nähe habe ich als Kind gemieden, mich trotz Zuredens geweigert, mich von ihr küssen oder mich auf ihren Schoß ziehen zu lassen. Eine Frau voller Boshaftigkeit, Geiz, übler Nachrede und Schadenfreude, die für meine Mutter eine Stiefmutter wie aus dem Märchen gewesen war. Sie schloß das Kind wegen kleiner Vergehen in die Besenkammer, schwärzte es bei dem Vater an, der selten zu Hause war, strafte die Kleine durch Essensentzug, so daß Dienstmädchen ihr heimlich etwas zusteckten. Ein Lieblingsessen des Kindes waren Bratkartoffeln, die es sich, als es einmal allein zu Hause war, selbst gemacht hatte. Die Stiefmutter kam zurück und überraschte das Kind in der Küche, wo es die Pfanne abwusch. Weil sie sich unerlaubt Bratkartoffeln gemacht hatte, durfte sie ein Jahr lang keine mehr essen, und wenn die anderen sie aßen, mußte sie zusehen.

Wie kommt es, daß, obwohl doch alles dagegen sprach, aus diesem Kind eine so freundliche, gütige, jede Lüge hassende Frau wurde, zierlich von Gestalt und doch von großer Zähigkeit und Kraft, einer schutzgewährenden Kraft auch in der Liebe, einer unbedingten?

Ich blieb einige Tage in Hamburg, besuchte sie, kam zur Essenszeit, schob ihr vorsichtig den Löffel mit dem Brei, nickte sie sacht, in den Mund. Kauen konnte sie nicht, nur langsam schlucken. Wenn ich kam und wenn ich ging, gab sie mir dieses Zeichen mit den Fingern, ein zartes Druckalphabet des Einverständnisses.

Dann, eines Morgens, lag sie nicht mehr in dem Zimmer. Die Frau dort sagte, sie sei verlegt worden. Warum? Das wußte sie nicht, aber es war ihr peinlich, das spürte ich, dieses Nichtwissen.

Die Mutter war *verlegt* worden. Man hatte bei der Aufnahme im Krankenhaus vermutet oder gehofft, sie sei privat versichert, und sie war darum auf die Privatstation des Chefarztes gelegt worden. Tatsächlich aber war sie nur in einer Ersatzkasse versichert. Also hatte man sie in ein Sechsbettzimmer *rückverlegt*. Mir erschien nichts so kennzeichnend wie dieses *Rückverlegen* nach einem derart arbeitsreichen Leben.

Krankenhaus und Krankenkassenordnung. Ich fragte nach dem Preis des Zimmers und einer Privatbehandlung. Er war hoch. Ich überlegte. Darüber hinaus, sagte man mir, wären aber auch alle weiteren Untersuchungen privat zu zahlen. Summen, über die ich nicht verfügte. So blieb sie in diesem Sechsbettzimmer liegen. Sie merkte mir meine Betrübnis, meine Empörung, auch meine Scham an, das nicht ändern zu können, daß sie zum Objekt einer *Ein-* und *Rückstufung* geworden war. Sie drückte mir die Hand, versuchte zu lächeln, ein mühsames, einseitiges Lächeln.

Das Eigentümliche dieser Rückstufung war, daß sie vom Parterre in den ersten Stock kam, wo sie mich vor 51 Jahren zur Welt gebracht hatte. Und daß sie hier in einem sonnenhellen Zimmer lag, mit freundlichen Schwestern und es ihr an nichts fehlte. Sie hörte das Lachen und Reden der anderen Patientinnen, hörte von all den merkwürdigen Krankengeschichten, die ja immer auch Lebensgeschichten waren.

Ich saß an ihrem Bett und ließ sie hin und wieder aus einer Schnabeltasse trinken. Um das Nachbarbett hatte sich eine spanische Großfamilie versammelt. Dort wurde gelacht und geredet. Die Besucher aßen Schinken und Oliven, rissen vom Weißbrot Brocken ab, die sie mit Schinken umwickelten, boten auch mir davon an.

Die Ruhe, die tiefe Gelassenheit, die von der Mutter ausging, war das Überraschende, so daß ich ihr hin und wieder die Hand drückte, nur um sie zu einer kleinen Reaktion zu bewegen. Meist schwieg ich, manchmal erzählte ich ihr von zu Hause, von den Kindern, von Dagmar, von meiner Arbeit. Sie lag und blickte zum Fenster. Den Kopf hielt sie schief, von dem Schlag herumgerissen, aber doch so, daß sie aus dem Fenster blicken konnte. Vielleicht hatten die Schwestern absichtlich dieses Bett gewählt, damit sie nicht zur Wand blicken mußte. Hin und wieder tastete sie mit der rechten noch fühlenden Hand nach der Linken, von der sie nichts spürte, nichts, und doch war sie noch warm und voller Leben. Dann, jäh, ein Gähnen, ein Gähnen, wie ich es nie bei ihr gesehen habe, sie, die sich sonst mit einer kleinen tupfenden Bewegung die Hand vor den Mund hielt. Jetzt sah ich ihn aufgerissen und darin, wie ein fremdes Teil, die Zunge, tiefblau.

Sonne. Fenster. Hand. Hände. Zwei Hände. Finger. Augenlid. Der Laut als Arbeit, die Arbeit, morgen zu sagen, die Mühsal, übermorgen zu sagen.

Langsam erholte sie sich wieder, konnte einige Worte artikulieren. Was ihr blieb, auch in ihrer Verletztheit, war eine verständnisvolle Distanz zu dem, was sie umgab – ihr Humor. Bei einem Besuch im Krankenhaus, nachmittags, waren die anderen Frauen im Zimmer, alles ältere Frauen, in großer Aufregung. Wieder war nachts ein alter Mann ins Zimmer gekommen, von dem es hieß, er treibe sich im Frauentrakt herum. Die Mutter, die offensichtlich alles verstand, schüttelte nur den Kopf, tippte sich mit der gesunden Hand an die Schläfe und machte dann eine Bewegung, die sie stets machte, wenn jemand zuviel redete, mit Daumen und Zeigefinger, etwas wie ein Schnabel, der auf- und zugeht. Und dann kam mühsam und erst nach zweimaligem Nachfragen verständlich heraus: *Möchten sie wohl.*

Die Krankenschwester kam, sagte nur, ach der, der alte Ehlers, der und ein Spanner, nee, ist nur tüttelig.

Ich fuhr nach München zurück. Die Mutter wurde wenige Tage später aus dem Krankenhaus entlassen. Meine Schwester pflegte sie, unterstützt von einer ambulanten Pflegerin. Ich telefonierte mit der Schwester. Es ginge ihr besser, sie könne schon ein wenig die Finger der rechten Hand bewegen. Warte mal. Ich hörte ein Rascheln und dann ein Lallen. Es war jedesmal wieder ein Schmerz, weit schlimmer, als sie zu sehen, diese mir so vertraute helle Stimme, dieses Lachen, das meist in einem *nein auch* endete, nicht zu hören. Sie konnte nicht mehr lachen. Ich verstand nichts. In ihrer Gegenwart war ein Verstehen trotz ihrer Verletztheit noch möglich gewesen, durch vertraute Gesten, Mimik, vor allem durch das, was aus der Kindheit als Erinnerung herüberreichte und mir die größte denkbare Nähe gewährte, der Druck ihrer Hände, unser Morsealphabet.

Einen Monat später besuchte ich sie zu Hause. Sie lag in ihrem Bett, einem Bett, in dem ich, kam ich früher zu Besuch, schlafen mußte. Sie zog dann ins Wohnzimmer um und schlief auf einem Klappbett. Ich hätte lieber – und auch wesentlich besser – auf diesem Klappbett geschlafen, da es keine Kopf- und keine Fußleisten hatte. Aber sie bestand darauf, sie wollte auf diesem Klappbett schlafen, hatte jedesmal ihr Bett, eine elfenbeinfarbene Schleiflackkiste, schon hergerichtet, frisch bezogen, eine besonders weiche Unterdecke eingezogen, ein Kopfkissen lag oben, ein zweites unten, das die Fußleiste abpolstern sollte. In dem Plumeau sammelten sich nachts am Fußende die Daunenfedern wie in einem Sack, oben hingegen blieb der leere Bezugsstoff.

Jetzt lag sie in ihrem Bett, und ich schlief auf dem Klappbett. Meine Schwester hatte mir ein Hemd gebügelt, weiß, mit zwei Brusttaschen, die Knöpfe aus Horn, ein Hemd aus Amerika, das sie, die Mutter, war ich auf Besuch, oft gebügelt hatte und von dem sie sagte, es sei ein Hemd wie ein Segel, so fest war der Baumwollstoff gewebt. Die Schwester hatte das Hemd an den dem Bett gegenüberstehenden Schrank gehängt.

Die Mutter blickte vom Bett zu dem Hemd und murmelte etwas, das ich erst nach mehrmaligem Nachfragen verstand: *Das Hemd gefällt mir gut.*

Erst später habe ich begriffen, daß sie es sich wohl als Totenhemd gewünscht hatte.

Kurze Zeit darauf bekam sie einen zweiten Schlaganfall und wurde wieder ins Krankenhaus eingeliefert. Am nächsten Morgen, sehr früh, rief die Stationsschwester an und sagte, der Mutter ginge es sehr schlecht.

Ich fuhr zum Flughafen, flog nach Hamburg, nahm ein Taxi. Durch die heruntergedrehten Fenster strich der warme Fahrtwind, in der Luft war der Geruch von trockenem Laub und von blühendem Wasser, das in den Kanälen stand.

Auf dem Krankenhausgang kam mir die Schwester entgegen und sagte, die Mutter sei vor zwei Stunden gestorben.

Sie lag in einem kleinen Zimmer, eher einer Kammer, in der neben einem Bett eben noch für einen Stuhl Platz war. Sie lag da, und das war das Überraschende, sie war noch kleiner, noch zarter, diese Frau mit dem großen Willen, der großen Zähigkeit, die so gar nicht herrschen mochte. Zugedeckt mit einer weißen Decke, darauf die Hände, ineinandergelegt, nicht gefaltet – sie war aus der Kirche ausgetreten. Um sie herum auf Kissen und Decke hatten die Schwestern Gänseblümchen gelegt, die draußen im Vorgarten des Krankenhauses wuchsen. Die Hände wie von einem Kind. Sie hatten, obwohl sie fast 90 war, keine Altersflecken. Ich nahm vorsichtig ihre Rechte. Es war ein Schock, die Kälte ihrer Hand. Sacht hob ich einen Finger, und einen Moment war mir, als lache sie. Kalt auch die Wangen, die von einem weißen um das Kinn gebundenen Stoffstreifen ein wenig hochgedrückt wurden. Nur hinten, am Kopf, im Nacken, spürte ich noch ein wenig von der Wärme ihres Lebens.

Autofahren, Stimmen auf dem Flur, und vor dem offenen Fenster sang eine Amsel. Otto hatten wir die Amseln getauft, damals, wie so viele andere Dinge, für die wir, sie und ich, einen Geheimcode hatten, niemand wußte, wen wir meinten: Daddums Reiszwerg. Ein geteilter Sprach-Schatz. So hatten wir eine Zeitlang eine Welt, die nur wir kannten, in der wir uns bewegten, verschworen, sie und ich, wir wußten, es war ja nicht nur die Umbenennung, sondern die verwies wieder auf eine besondere gemeinsam erlebte Situation. Auch das war Teil eines Gefühls von Schutz, ein verläßlicher, nie in Frage stehender Schutz.

Ich ging hinaus, in die Sonne, in diesen heißen Sommertag, ich ging am Isebekkanal entlang, graugrün war das Wasser, darin schien die Sonne schwarz, aber das war nur der Schatten der Brücke. Die Winde waren angehalten und eine große Stille im Himmel.

Sie hatte den Wunsch, sein Grab zu sehen, dort, wo er begraben worden war. Snamjenka. Sogar die Grabnummer ist belegt, genau aufgezeichnet, das *Heldengrab L 302*, wie es in dem Brief des SS-Arztes heißt. Sie hatte den beständigen Wunsch, einmal dort stehen zu können, zumindest in der Nähe, denn sie wußte, die

Kriegsgräber waren von den Russen eingeebnet worden. Auf einigen der deutschen Soldatenfriedhöfe hatte die sowjetische Regierung nach dem Krieg Mülldeponien oder Fabriken errichten lassen. Nichts sollte an die gefallenen Eindringlinge erinnern.

Es war ein hartnäckiger Wunsch der Mutter, ihm noch einmal, soweit es eben geht, körperlich nahe zu kommen, um Abschied zu nehmen. Privat dorthin zu reisen war in der Zeit ganz unmöglich. Für solche Reisen gab es in der Sowjetunion keine Genehmigungen. Sie war schon 74 Jahre alt, als sie zu der Busreise aufbrach, die nach Polen, in die Sowjetunion, nach Finnland, Schweden ging. Der Weg führte auch über Minsk.

Sie hatte die Hoffnung, an dem Punkt, wo die Reisegruppe Snamjenka am nächsten war, mit einem russischen Privatwagen einen Abstecher dorthin zu machen. Sie unterschätzte nicht die Distanz und die Verhältnisse. Aber sie wollte es versuchen, auch wenn sie an ein Gelingen wohl selbst nicht richtig glauben mochte.

Von dieser Reise habe ich ihre Aufzeichnungen und Fotos, Schnappschüsse, auf denen nichts Besonderes zu sehen ist, die für sie aber eine Bedeutung gehabt haben müssen. Straßen, Bauernkaten, aber auch Neubauten, Traktoren, Passanten.

Eine Mitreisende, eine ältere Frau, hat Tagebuch über diese Reise geführt, mit genauen Orts- und Zeitangaben, und später alles sorgfältig mit der Schreibmaschine abgeschrieben, auch für meine Mutter.

7. Juni (Pfingstmontag)
12.00 Uhr
Nicht ganz unweit von Minsk bleiben wir vor einer gewaltigen Gedächtnisstätte stehen und steigen aus. Ein riesiger Hügel erhebt sich vor uns, »Hügel des Ruhmes« genannt, aus blutgetränkter zusammengetragener Erde des letzten Krieges. Die Stätte hat mich sehr beeindruckt. Mal eine ganz andere Anlage ohne Denkmäler.
13.00 Uhr
Die Fahrt geht weiter von Dorf zu Dorf über eine Unendlichkeit. Ich denke an den zweiten Weltkrieg, höre in Gedanken den Wehrmachtsbericht und sehe die deutschen Landser durch die russischen Weiten und Sümpfe laufen. Welch eine Zeit – Wehmut überkommt einen. Ca. 200 km hinter Minsk stehen Apfel- und Kirschbäume noch in voller Blüte. Der russische Frühling ist schön – aber spät.

Mit dem Tod der Mutter ging der Wunsch, dorthin zu fahren, auf mich über. Sie hatte es mir nicht nahegelegt und doch blieb das Dringliche. Es kam einer Verpflichtung gleich, obwohl ich ihr das nie versprochen hatte. Ich wollte über ihn schreiben, hatte aber nie in Erwägung gezogen, in die Ukraine zu fahren, um die Stelle zu sehen, wo er begraben lag. Ich kann nicht einmal genau sagen, wann dieser Gedanke langsam zu einem Vorsatz wurde, auf jeden Fall erst nach ihrem Tod. Wahrscheinlich als ich damit begann, mich ernsthaft mit seinem Tagebuch, mit seinen Briefen zu beschäftigen, und mir dachte, ich müsse einmal die Landschaft sehen, in der er damals gekämpft hatte, wo er verwundet und *gefallen* war. Wo er andere verwundet und getötet hatte.

4.8.
Es geht wieder nach Bjelgorod. Wehrmacht kanns nicht halten. Russe ist durchgebrochen.
5.8.
Russ. Rabbatzflieger greifen die kilom. lange Kolonne an. Spritfahrzeuge gehen hoch. 2 Tote und 3 Verw. in der Komp.
6.8.
Die Fahrt geht weiter.

Das ist die letzte datierte Eintragung: *Die Fahrt geht weiter.*

Danach kommt noch eine undatierte, also zwischen dem 7.8. und seiner Verwundung am 19.9.1943 gemachte Notiz, sorgfältig, in einer runderen Schrift und mit einem deutlicheren Druck des Bleistifts: *Hiermit schließe ich mein Tagebuch, da ich für unsinnig halte, über so grausame Dinge wie sie manchmal geschehen, Buch zu führen.*

Über die Leiden zu schreiben, über die Opfer, das hieße auch die Frage nach den Tätern zu stellen, nach der Schuld, nach den Gründen für Grausamkeit und Tod – wie es eine Vorstellung gibt von den Engeln, die über all die Schandtaten und Leiden der Menschen Buch führen.

Wenigstens das – Zeugnis ablegen.

Ich hatte an das militärhistorische Archiv in Freiburg geschrieben und um Einsicht in das Kriegstagebuch der Totenkopfdivision von 1943 gebeten. Als ich ankam, fand ich die Akte leer. Der Inhalt fehlte. Der Archivar konnte mir nicht sagen, wo er geblieben war. Möglicherweise waren die Aufzeichnungen in den USA, wohin diese Akten nach dem Krieg gekommen waren, entfernt worden.

Warum?

Eingeladen zu einer Lesung nach Kiew, wollte ich von dort mit einem Wagen zu dem fast achthundert Kilometer entfernten Snamjenka fahren. Iris Klose vom Börsenverein, die für die Deutsche Buchmesse in Kiew arbeitete, hatte eine Übersetzerin und für die Fahrt einen Autobesitzer ausfindig gemacht. Am Tag meiner Ankunft, es war zufällig die Zeit, in der der Bruder verwundet worden war, wurde ich morgens im Hotel durch Telefonschrillen geweckt. Ein Traum, ein dunkler, ein im plötzlichen Erwachen nur noch undeutlicher Traum, in dem auch er schattenhaft vorgekommen war. Im Schreckzustand versuchte ich aufzustehen. Ich konnte nicht. In beiden Beinen war ein unerträglicher Schmerz. Ich rollte mich aus dem Bett, kroch am Boden dem schrillen Ton entgegen, rempelte im abgedunkelten Zimmer gegen Tisch und Stühle, faßte den Hörer, eine Stimme, unverständlich und fern, die plötzlich, nachdem ich immer wieder Hallo gerufen hatte, verstummte.

Im Sessel sitzend, kam ich langsam zu Bewußtsein, konnte den Schmerz in den Waden lokalisieren, ein Krampf in beiden Beinen, ein Krampf, der sich erst durch ein Gegendrücken der Füße langsam löste. Ich stand auf, rasierte mich, duschte, zog mich an. Unten im Empfangsraum wartete schon der Fahrer, der mich zur Universität bringen sollte.

Die Diskussion mit den ukrainischen Germanisten und Deutschlehrern war bestimmt von deren Herzlichkeit, die, denkt man an die Vergangenheit, beschämte. Die Schlucht von Babij Jar liegt in der Nähe von Kiew.

In der Kaffeepause ging ich zur Toilette. Ich blickte in den Spiegel und sah einen anderen. Das Gesicht bleich, fast weiß, die Augenhöhlen tiefverschattet, violett, wie die eines Sterbenden.

Später fragte ich die Diskussionsleiterin, ob ihr die Veränderung an meinen Augen schon während der Veranstaltung aufgefallen sein.

Ja, sagte sie, hatte es mir aber nicht sagen wollen, weil sie glaubte, ein Hinweis würde mich irritieren. Plötzlich, mitten in der Diskussion, hätte sich dieses Dunkle ausgebreitet, unter beiden Augen, als hätte ich Schläge auf die Augen bekommen.

Am Nachmittag rief ich den Vertreter der Deutschen Kriegsgräberfürsorge in der deutschen Botschaft an und erkundigte mich nach dem Friedhof in Snamjenka. Der Friedhof sei vor wenigen Wochen aufgelöst worden, hörte ich, siebentausend Skelette lägen in einer leerstehenden Fabrikhalle. Der Mann, der den Schlüssel für die Halle hatte, war aber nicht dort, sondern auf der Krim, um eine Umbettung vorzubereiten. Sehen können Sie nicht viel, sagte er. Auch dieser ehemalige Friedhof war zu einem Teil mit einer Fabrik bebaut worden. Er fragte mich nach der Grabnummer, die aber nicht weiterhalf, da der Friedhof schon aufgelöst worden war. Als er hörte, dem Bruder seien die Beine amputiert worden, fragte er nach, welches Bein in wel-

cher Höhe amputiert worden sei. War das für die Iden-
tifikation anderer Skelette wichtig?

Ja. Aber Sie können nicht in die Halle, sie ist ver-
schlossen.

Einen Moment zögerte ich, ob ich den Wagen abbe-
stellen sollte. Ich bin aber dann doch gefahren, zum
Dnjepr, zu der Stelle, wo die Rote Armee über den
Fluß gegangen war, in einem Kampf, in einer Schlacht,
die hunderttausend Rotarmisten das Leben gekostet
hat. Balyko-Schtschutschinka. Ein klotziges Denkmal
steht dort, mit den Namen aller am Kampf beteiligten
sowjetischen Regimenter. Es liegt auf einer Anhöhe, und
der Blick geht von hier weit über den inzwischen aufgestauten Dnjepr und hinüber zu dem sich nach Osten
ausdehnenden flachen Land. Hochaufgetürmte Wolken
trieben langsam und weißleuchtend über den Strom.

Wir setzten uns ins Gras, und der Fahrer packte die
Kaviardosen aus, die wir für wenige Dollar auf einem
Markt in Kiew gekauft hatten. Er hatte den Dosenöff-
ner vergessen, und so bearbeitete er die Dosen mit dem
Taschenmesser, bog vorsichtig die zerfetzten Deckel
auf. Wir löffelten den Kaviar mit weißen Plastiklöffeln
heraus und tranken aus Wassergläsern Wodka. Eine
Frau kam mit einem Korb und schenkte uns hartge-
kochte Eier und eingelegte Salztomaten. Wir boten ihr
von dem Kaviar an, sie aber wollte vor allem von dem
Wodka trinken.

Später fuhren wir nach Kanim, einer Stadt am Dnjepr.
Auf dieser Reise war es die größtmögliche räumliche
Annäherung an das Grab des Bruders. Die Stadt war

nach den Zerstörungen im Krieg wieder aufgebaut worden. Graue Plattenbauten von monotoner Häßlichkeit. Ein Busbahnhof mit eingesunkenem Pflaster, einem Flachbau als Wetterschutz und gegenüber ein Gebäude, das ich für eine Fabrikhalle hielt, tatsächlich war es das Theater, das aber schon seit Jahren nicht mehr bespielt wurde. Der einzige Großbetrieb in der Stadt, ein Elektrowerk, war geschlossen worden. Die Arbeitslosigkeit lag bei 90 Prozent.

Der ukrainische Fahrer, der sehr gut deutsch sprach, lud uns ein, seine Eltern zu besuchen. Die Datscha lag außerhalb der Stadt auf einem Hügel. Neben dem kleinen aus Holz gebauten Häuschen stand der Rohbau eines Einfamilienhauses, an dem der Vater seit Jahren arbeitete. Ein Mann Ende Fünfzig, dessen Haar derart tiefschwarz gefärbt war, daß es in der Nachmittagssonne wie Kohle glänzte.

Er zeigte uns den Rohbau, den er allein, nur hin und wieder mit der Hilfe des Sohnes, errichtet hatte. Wir gingen über Bretter auf den betonierten Boden, der einmal die Terrasse werden sollte. Rechts und links auf den Mauern die Eisenborsten. Eine kleine, mit einer Plastikplane abgedeckte Betonmischmaschine stand da, Sandhaufen, Ziegel, Eimer. Dort sollten die Mauern für die zweite Etage hochgezogen werden, im nächsten Jahr, das dauert eben, sagte der Sohn, all die Dinge, Eisen, Beton, müssen erst besorgt werden.

Kann man den Zement, kann man das Armierungseisen kaufen?

Er lachte. Nein. Nur organisieren.

An dem Hang standen noch andere selbstgebaute Häuser, von einer anarchischen Formenvielfalt, die aus der Organisationsfähigkeit ihrer Erbauer resultierte. Hühner liefen in den Gärten herum, Enten, ein Schwein stöberte im Laub. Wir saßen im Garten vor dem Holzhaus und tranken Kaffee. Später holte der Vater des Fahrers eine Flasche Wodka, und die Mutter brachte Anchovis und Soleier.

Ich ließ den Mann, der etwas älter als ich war, durch den Sohn fragen, ob er sich an den Krieg erinnern könne.

Er schüttelte den Kopf, ohne mich anzusehen. Ihm war anzumerken, er wollte nicht darüber reden. Nach einem kleinen Augenblick schaute er mich an und hielt das Glas hoch. Wir stießen an. Druschba!

Ich blieb an diesem Nachmittag in dem Garten mit dem halbfertigen Neubau sitzen. Ich sagte mir, es sei besser, mit diesen Menschen zusammenzusitzen als weiterzufahren.

Kruse war Kürschnergeselle in der Firma, in der ich lernte. Ein Mann, der viel lachte, obwohl er in der Rangordnung der letzte unter den Gesellen war. Eine Rangordnung, die sich nach den Pelzarten ausrichtete, die von den Gesellen verarbeitet werden durften, was wiederum von ihrem handwerklichen Können abhing. Ein Meister, der ebenfalls Kruse hieß, Walter, stand an der Spitze dieser innerbetrieblichen Hierarchie von zwölf Kürschnern und sechs Lehrlingen. Er verarbeitete Ozelots und Chinchillas, die teuersten Pelze, nach ihm kamen zwei Meister, die Biber- und Nutriamäntel anfertigten, sodann die Gesellen, die Nerzfelle zu Mänteln und Stolen verarbeiteten, dann die Gesellen, die Persianermäntel herstellten, wobei es noch einen Unterschied zwischen den grauen Naturpersianern und den schwarzgefärbten Persianern gab, und ganz am Schluß kamen die Mäntel, die aus den übriggebliebenen Fellstücken gemacht wurden: Persianerklauenmäntel. Das war die Arbeit der Lehrlinge im zweiten Lehrjahr und die von Arthur Kruse. Eine langweilige Fummelarbeit, die viel Zeit zum Erzählen ließ, denn für diese Arbeit bedurfte es keiner Berechnungen und keiner handwerklichen Geschicklichkeit wie beim In-Streifen-Schneiden und dem Auslassen der Nerzfelle. Arthur Kruse, für den ich als Lehrling einen Monat lang Persianerstücke sortieren mußte, erzählte oft vom Krieg, wie übrigens auch all die anderen Gesellen und Meister, die als Unteroffiziere oder Leutnants gedient hatten.

Arthur Kruse war durch den Krieg erstmals aus Hamburg herausgekommen, war in Polen, in Rußland, in der Ukraine gewesen. Seine Geschichten, die großen und kleinen Erlebnisse, habe ich vergessen, bis auf eine, die mir diesen etwas schlichten, aber uns Lehrlingen gegenüber freundlichen Mann für immer unheimlich machte.

Er mußte einmal zwei gefangene Russen von der Front zu einer Sammelstelle bringen. Im Sommer '43, an einem heißen Julitag. Zwölf Kilometer Sandweg hin, zwölf Kilometer zurück. Staub und nochmals Staub. Nach einer Stunde habe er Stoi gesagt. Die beiden hätten sich nach ihm umgesehen, während er aus seiner Feldflasche getrunken habe. Natürlich hätten auch die beiden Russen Durst gehabt, so, wie sie herüberstarrten, und da habe er die Flasche auf den Boden gestellt, gegen einen Stein gelehnt, damit sie nicht umfiel, sei drei, vier Schritte zurückgegangen und habe ihnen dann gewunken, sie sollten trinken, allerdings habe er immer den Karabiner unter dem Arm gehalten, den Finger am Abzug.

Die beiden hätten gezögert, dann aber seien sie gekommen, hätten die Flasche genommen, hätten beide nur einen Schluck, zwei Schluck getrunken, nicht mehr, die Flasche wieder an den Stein gestellt.

Kruse sagte, er habe ihnen gewunken, sie sollten abhauen.

Die beiden Russen hätten gezögert. Los, haut ab. Er habe mit der Hand gewunken, und dann, nach einem Augenblick, seien die beiden losgerannt. Er habe den Karabiner hochgenommen und geschossen, zweimal, kurz hintereinander. Ich war ein guter Schütze, hatte ne Schießschnur. Die wären sowieso verhungert, später, im Kriegsgefangenenlager.

Er sei dann zurückgegangen, habe auf dem Weg noch eine Pause gemacht, sich hingesetzt, die Stullen gegessen, Stück Dauerwurst dazu, die Feldflasche ausgetrunken. Dann sei er weiter nach vorn, zur Einheit gegangen und habe Meldung gemacht: zwei Gefangene auf der Flucht erschossen.

Gut so, habe der Spieß gesagt.

Arthur Kruse hinkte. Er hatte kurz vor Kriegsende acht Granatsplitter in die Beine bekommen.

Das waren die alltäglichen Geschichten, die nach dem Krieg erzählt wurden, in den Betrieben, den Kneipen, zu Hause, im Dialekt, im gepflegten Hochdeutsch, so wurde das Geschehene und mit ihm die Schuld kleingemahlen. Und man konnte davon – was man sich heute nicht mehr vorstellen kann – ganz frei erzählen. Die Russen waren noch immer die Feinde, die Frauen vergewaltigt, Deutsche vertrieben hatten und noch immer deutsche Kriegsgefangene hungern ließen, ohne daß sich die Frage nach der Schuld stellte, nach Chronologie und Kausalität der Grausamkeiten. Man selbst hatte nur auf Befehl gehandelt. Vom gemeinen Soldaten bis zum Generalfeldmarschall Keitel, der vor dem Nürnberger Gerichtshof erklärte, er sei nicht schuldig, er habe schließlich Befehle ausgeführt.

Ein Onkel, der sich zur SS gemeldet hatte, war eine kurze Zeit, einen Monat oder zwei, bei der SS-Wachmannschaft im KZ Neuengamme gewesen. Ihm, so wurde erzählt, sei schlecht geworden. Johann, genannt Jonny, konnte doch gar kein Blut sehen, sagte meine Tante Grete. Er hatte sich von der Wachmannschaft freiwillig an die Front gemeldet und kam zur bosnischen Waffen-SS. Ein Foto zeigte ihn mit einem Fez auf dem Kopf. Nach dem Krieg war er zwei Jahre in einem amerikanischen Internierungslager. Dieser Onkel verkehrte nicht bei uns zu Hause. Man traf ihn aber bei größeren Familienfeiern. Woran ich mich entsinne, ist, daß er darüber klagte, wie schlecht die Amerikaner die Gefangenen behandelt hätten. Sie hätten anfangs Gras fressen müssen. Er hatte eine schöne Stimme, Bariton, und sang manchmal, Schlager und Operettenlieder. Ich bin der Graf von Luxemburg. Ein *Hundertfünfzigprozentiger*. Die Großmutter väterlicherseits, eine sehr resolute Frau, soll beim Aufhängen der Gardinen auf der Leiter stehend ihm, der auf Urlaub gekommen war, die gewaschenen, noch nassen Gardinen um die Ohren geschlagen haben, als er sagte, das, was mit den Juden gemacht werde, sei ganz in Ordnung.

Das haben wir nicht gewußt.

Die Mutter, die sich nicht für Politik interessierte, fragte sich immerhin nach ihrer Schuld, nicht selbstquälerisch bohrend, aber doch so, daß sie von sich aus fragte: Was hätte ich tun können, was tun sollen? Wenigstens ein Nachfragen, sagte sie. Wo waren die beiden jüdischen Familien aus der Nachbarschaft geblieben? Wenigstens diese Frage, die hätte man nicht nur sich, sondern den Nachbarn stellen müssen, genaugenommen jedem. Erst wenn etwas zur Sprache gebracht wird, kann sich auch Widerspruch bilden.

Dieses Nicht-darüber-Sprechen findet eine Erklärung in dem tiefverwurzelten Bedürfnis, nicht aufzufallen, im *Verbund* zu bleiben, aus Furcht vor beruflichen Nachteilen, erschwerten Aufstiegsmöglichkeiten und in einer hintergründigen Angst vor dem Terror des Regimes. Es ist die zur Gewohnheit gewordene Feigheit – das Totschweigen.

Anfang der fünfziger Jahre, als die Wiederbewaffnung von der Bundesregierung beschlossen wurde, kam eine Tante, Schwester meines Vaters, und fragte meine Mutter, ob sie mit zu einer Demonstration gegen die Wiederbewaffnung auf den Rathausmarkt komme. Der Mann der Tante, Besitzer einer Firma, die auf die Reinigung von Tankschiffen spezialisiert war, durfte nichts davon wissen.

Ist meine Mutter damals mitgegangen? Ich habe es

versäumt – wie so vieles andere auch –, noch einmal nachzufragen.

Für den Vater war der Krieg, die Nazizeit, die mit der bedingungslosen Kapitulation endete, nicht Anlaß zur Trauer, Trauer über die Zerstörung dessen, was er mit einer besonderen, die erste Silbe hervorhebenden Betonung aussprach: Das Deutsche Reich, sondern er reagierte mit einem mißmutigen Beleidigtsein und einem besserwisserischen Rechthaben. Er, der jedesmal betonte, er sei kein Nazi gewesen, brachte Argumente für die Mitschuld der Alliierten ins Feld: Warum hatten die Engländer, die Amerikaner, nicht die Zufahrtsgleise zu den KZ bombardiert? Da die Alliierten es doch schon 1943 wußten. Und warum hatten sie nicht die Krematorien bombardiert? Warum waren die Juden nicht rechtzeitig in den USA, in England aufgenommen worden?

Dieser Versuch, die Schuld zu relativieren, das eigene Schuldigsein auf die Sieger zu übertragen, sie zu Mitschuldigen zu machen.

Auch wenn es sich so deutlich nicht im Bewußtsein des Jungen darstellte, war es doch diese Empfindung – und es war zunächst nur eine wortlose Empfindung –, daß es Ausreden waren, daß der Vater gerade das tat, was er immer als verächtlich anprangerte – er *kniff*. Er stellte sich nicht. Das, was das Kind bewundert hatte, was es in Spielen am Elbufer nachstellte: Rommel in Afrika. Verteidigungen von Stellungen bis zum letzten Mann, rücksichtslose Angriffe auf englische Stellungen (noch in den Spielen der Kinder sollte der Krieg nachträglich gewonnen werden), dieses *Durchhalten, Ge-*

radestehen, offenbarte sich jetzt als Schwäche, Feigheit.

Vielleicht lag darin der tiefere Grund, warum der Jugendliche, der jetzt kein Kind mehr war, mit dieser Empörung stritt und schrieb, ein Schreiben, das all das noch nicht kritisch ausformulierte, aber doch fiktive Personen in Konfliktsituationen darzustellen suchte. Haß, Empörung, Verachtung. Nicht nur wegen der kleinlichen Verbote, der Vorurteile des Vaters, was Filme, Musik, Mode anging, es war seine Schwäche, dieses Laue, dieses spürbare Sich-um-die-eigene-Schuld-Drücken, eine Schuld, die sich nicht aus einer einzelnen Verfehlung ergab, sondern aus der Haltung, eben aus jener Haltung, die nur Befehle und Gehorsam kannte. Gegenüber wem war man gehorsam gewesen? Von wem kamen die Befehle, und wie wurden sie weitergegeben? Und wie lauteten die Befehle? Zu dieser Verantwortung stehen, was er aber gerade nicht tat. Er redete sich heraus. Er tat etwas, was er bei anderen verächtlich fand. Einmal aufmerksam geworden, stellte der Jugendliche fest, daß sich all die Träger von Nahkampfspangen, Eisernen Kreuzen, Ritterkreuzen herausredeten, keine Verantwortung übernahmen. Eines dieser Entschuldigungs-Worte: *Befehlsnotstand.*

Der Befehlsnotstand ließ nach dem Krieg die Massenmörder frei herumlaufen, ließ sie wieder Richter, medizinische Gutachter, Polizisten, Professoren werden.

Der Versuch, sich erinnernd der Momente großer Nähe zu vergewissern, sich dabei auch vorschneller Benennungen zu erwehren, gelingt nur, wenn ich mir

Situationen vor Augen halte, in denen wir, er und ich allein, etwas gemeinsam unternommen haben. Sein Erzählen bringt ihn mir nahe, seine Stimme, eine ruhige, mitteltiefe Stimme. Er erzählte mir abends Geschichten, die er sich ausdachte. Die Geschichte von Dickback dem Hamster, der so neugierig war und auf einem Brett zu einer Flußinsel kam. Das waren Kindergeschichten, das war die Zeit unmittelbar nach dem Krieg. Fotos, auf denen wir beide zu sehen sind, zeigen ihn in Uniform oder mit Hut und Anzug, ganz anders die Fotos, die ihn mit dem Bruder zeigen, er hat den Jungen vor sich auf dem Motorrad, neben sich im Auto, im Wohnzimmer auf dem Schoß. Damals war der Vater Ende Zwanzig gewesen. Ich kann mich nicht entsinnen, mit ihm je Fußball gespielt zu haben, überhaupt jemals mit ihm und Freunden zusammen etwas gespielt zu haben. Er war schon an die Fünfzig und hatte wenig Zeit. Die Zeit des Wiederaufbaus. Er hatte das Geschäft, und er traf Freunde und ehemalige Kameraden. Das war die Erwachsenenwelt.

Ein Wort, das mich durch meine Kindheit begleitet hat – so, wie es auch den Bruder begleitet haben wird –: Reiß dich zusammen.

Einmal haben wir, der Vater und ich, eine Kahnpartie auf einem gestauten Flüßchen in Sudermühlen gemacht. Wir sind unter Dickicht und Schlingpflanzen gestakt. Ich war elf Jahre alt. Ein Foto mit Datum zeigt uns, er im Anzug, ich in weißer Jacke und weißer kurzer Hose, im Boot. Die Mutter wird uns aufgenommen haben, als wir zurückkamen von unserer Kahnfahrt auf diesem kleinen Fluß, eher einem aufgestauten Bach in der Lüneburger Heide, eine Fahrt, bei der wir uns in irgendwelchen fernen Ländern verloren. Ein deutlich in Erinnerung gebliebener Wunsch war, diese Fahrt mit ihm zu wiederholen.

Und zehn Reisetage gehören zu der Erinnerung an wunschlose Nähe, ohne Mißstimmung, eine gemeinsame Fahrt nach Coburg. Die Mutter war in Hamburg geblieben, schließlich mußte jemand im Geschäft sein. Wir haben in Coburg in der *Goldenen Traube* übernachtet, dem *ersten Haus am Platze*. Es gehörte zu dem Plan der Reise, vermute ich, daß er in diese Kleinstadt zurückkam, wohin er zu einer kinderlosen Tante als ältester seiner Geschwister aus Hamburg geschickt worden war. Die Großmutter hatte fünf Kinder. Hans kam mit 10 nach Coburg, ging dort zur Schule und wohnte bei seiner Tante, Tante Anna, und dem Onkel Franz Schröder, einem selbständigen Präparator. Dem mußte er nach der Schule in der Werkstatt helfen. Er muß so gut gearbeitet haben, daß der Onkel versuchte, ihn zu halten, und später wollte er ihn mit seiner einzigen Tochter, also der Cousine, verheiraten. Vielleicht erklärt dieser *Lebensabschnitt*, diese sieben Jahre, die er in der kleinen Residenzstadt des Herzogs von Sachsen-Coburg-Gotha, in einer bürgerlichen, ständisch geprägten, aber ganz auf den Adel ausgerichteten Gesellschaft verbrachte, daß er dem Traum eines aristokratischen Lebens nachhing.

Für ihn war diese Reise die Verwirklichung seines Traums. Er kam in der Zeit, als es ihm finanziell gutging, als er etwas *geworden* war, etwas darstellte, nach Coburg, mit dem Sohn, dem Nachkömmling. Er fuhr in dem großen seegrünen *Adler* durch die Straßen, und der Wagen wurde, wo er geparkt stand, bestaunt. Warum er nicht mit dem Chauffeur hingefahren war, den er damals noch hatte, kann ich nur vermuten, wahrscheinlich weil es seiner Vorstellung entsprach, selbst den Wagen zu lenken, und sicherlich auch, weil ihm das doch übertrieben und angeberhaft erschien, mit einem Chauffeur durch die Straßen Coburgs zu fahren. Der Chauffeur war noch zu rechtfertigen im Zusammenhang mit dem Geschäft, aber nicht als Privatchauffeur. Denn das war das Eigentümliche, man hätte, obwohl er doch über seine Verhältnisse lebte, ihn nicht als Angeber bezeichnen können.

Die ihn begleitende Hoch-, ja Überschätzung seines gesellschaftlichen Status ergab sich allein aus seinem Auftreten, durch seine Umgangsformen, sein gutes Benehmen, seine Höflichkeit.

Worauf er hätte stolz sein können, womit er hätte renommieren können, seine von Museen begehrten und in Fachkreisen gelobten Tierpräparationen, davon redete er nie.

In Coburg traf er seine Cousine, seine Nichten, Freunde und Bekannte. Er wurde gegrüßt, und er wurde eingeladen von Kameraden, die jetzt Vertreter oder Bankangestellte waren oder aber auch nur eine *gute Partie* gemacht hatten. In dieser kleinen ehemaligen Residenzstadt waren die Mannschaften und Offiziere in unterschiedlichen Vereinen organisiert. Es gab noch Hoflieferanten. Es waren die Relikte des Herzogtums von Sachsen-Coburg-Gotha, das mit der Revolution 1918 sein Ende gefunden hatte. Aber der ständische Geist hatte sich in dieser Kleinstadt länger gehalten. Ein in Coburg wohnender Onkel sang in einem Marinechor und mußte sich fragen lassen, ob das denn schicklich sei, für ihn, den Kapitänleutnant a. D.

Die Reise führte uns dann weiter durch Franken, zu Orten, die dem Vater etwas in seiner Jugend bedeutet hatten, wir bestiegen Burgen und suchten in den Wäldern nach überwachsenen Ruinen, die er vom Wandern mit dem Zupfgeigenhansel aus seiner Jugend kannte. Wir übernachteten weiterhin in Hotels, die als *erste Häuser am Platz* galten, aßen in den Restaurants, die er als die *besten* erfragte. Er erzählte Geschichtliches. Er kannte sich gut aus in der Ortsgeschichte Frankens. Er war gelöst, freundlich, spendabel (was er immer war). Auf dieser Reise fiel mir auf, wie sehr er den Frauen gefiel, damals war er noch schlank, hielt sich sehr aufrecht – *das Kinn an die Kragenbinde* –, war von der Sonne gebräunt, denn er wurde schnell braun, tiefbraun, was zu seinem blonden Haar und den hellblauen Augen so wirksam kontrastierte. Er trug die maßgeschneiderten Anzüge mit den durchknöpfbaren Ärmelleisten, von denen er einen Knopf meist offen ließ.

Soweit ich weiß, hat er in der Zeit seiner Ehe nie eine Geliebte gehabt, keine Beziehung zu einer anderen Frau. Aber er genoß es, begehrt zu werden. Die Mutter ließ ihn gewähren. Und es gab einen wirtschaftlichen Aspekt – viele Kundinnen, insbesondere die vermögenden, kamen, um Mäntel zu kaufen, seinetwegen.

Es war die kurze Zeit – drei, höchstens vier Jahre –, in der er derjenige war, der zu sein er sich wünschte.

Stalingrad, Charkow und Kiew waren die Städtenamen, die in Gesprächen immer wieder fielen. Die Schlacht um Stalingrad. Die Rückeroberung Charkows, an der der Bruder beteiligt war. Kiew, wo der Bruder und wenig später der Vater gewesen waren, ohne daß sie sich getroffen hätten. Der Bruder war zu der Zeit schon wieder *im Einsatz*. Von Kiew wurde erzählt, wie die Russen vor ihrem Rückzug 1941 Häuserblocks, ganze Stadtviertel, mit Sprengsätzen unterminiert und, nachdem die Deutschen eingerückt waren, die Häuser durch Fernzündung in die Luft gesprengt hatten.

Nicht geredet wurde über Babij Jar, eine Schlucht in der Nähe von Kiew.
In Zusammenarbeit mit dem Gruppenstabe und 2 Kommandos des Polizei-Regiments Süd hat das Sonderkommando 4a am 29. und 30.9. 33 771 Juden exekutiert. Geld, Wertsachen, Wäsche und Kleidungsstücke wurden sichergestellt und zum Teil der NSV zur Ausrüstung der Volksdeutschen, zum Teil der kommissarischen Stadtverwaltung zur Überlassung an die bedürftige Bevölkerung übergeben.
Ereignismeldung UdSSR Nr. 106 vom 7.10.1941

Vor der Erschießung hatten die Menschen ihre Kleidung ablegen müssen. Die Fotos – es sind überraschenderweise Farbfotos – eines deutschen Berichterstatters der Propaganda-Kompanie zeigen in Nahaufnahme: eine Prothese, einen schwarzen Schuh, ein Hemd, weiß, einen Mantel, braun. Fußstapfen im Sand. Oder ein anderes: einen Kinderschuh, einen Pelzmantel, eine Handtasche, braun, eine gestrickte Kinderkappe, einen

Brief, ein Buch, wahrscheinlich ein Notizbuch. Eine Gesamtaufnahme zeigt an den Hängen entlang Tausende und Abertausende von diesen abgelegten, teils sorgfältig zusammengelegten, teils einfach hingeworfenen Kleidungsstücken.

Auf einem Foto sind zwei deutsche Soldaten zu sehen, die am Boden liegende Kleiderbündel untersuchen, nicht nach Wertsachen, sondern nach den Kleinkindern, die Mütter vor ihrer Erschießung unter den Kleidungsstücken zu verstecken suchten.

Deutlich zeigen die Fotos – die Sonne scheint.

Es gab Männer, einige, wenige, die sich weigerten, Zivilisten zu erschießen. Sie wurden daraufhin nicht erschossen, wurden nicht degradiert, auch vor kein Kriegsgericht gestellt. Einige wenige haben Nein gesagt, wie Browning in seinem Buch belegt, aber das waren eben nicht die *normalen Männer*.

Er, der Bruder, rief. Seine Stimme kam vom Ende des Gangs. Eine Art Korridor. Ich lief den Gang entlang, der plötzlich ins Freie führte. Ein Garten, in dem mehrere Menschen standen, wie auf einem Negativbild, die Schatten waren weiß, die Gesichter schwarz und nicht zu erkennen. Der Bruder steht da, das Gesicht schwarz, der Anzug – oder eine Uniform? – hell. Er bittet mich zu singen, etwas für ihn zu singen. Ich singe. Bin selbst überrascht, wie gut, ja melodisch es mir gelingt. Plötzlich wirft er mir eine Birne zu, die ich nicht fangen kann. Mein Schreck, als sie zu Boden fällt. Und dann sagt seine Stimme: Doldenhilfe.

Das Lawra-Kloster in Kiew liegt an dem Hang zum Dnjepr. Von hier setzte die Christianisierung Rußlands ein, sagt mir der Führer, hinter dem ich, eine Wachskerze in der Hand, hinuntersteige in die schmalen Gänge, die sich durch das Erdreich ziehen. In den Wänden liegen die Gründungsväter begraben, im Kerzenlicht sind die Reliquien hinter den Glasscheiben zu erkennen. In einer erweiterten, von Kerzenlicht erleuchteten Höhle sitzen vier Novizen. Sie müssen hier in der Erde, in der Nähe des Klostergründers und ihrer verstorbenen Brüder, eine Zeitlang leben und fasten, bevor sie geweiht werden. Wie Gedärm ziehen sich die Gänge durch die Erde, und tatsächlich werden die Begrabenen hier verdaut, um am Ende dieser Welt neugeboren zum ewigen Leben wieder aufzuerstehen. Bleich, fast weiß sind die Gesichter der Novizen, die leise mit Pilgern reden.

Als die Schwester das zweite Mal im Krankenhaus lag, wochenlang und mit dem immer dringlicher werdenden Wunsch, noch einmal nach Hause zu kommen, grübelte sie darüber nach, wie alles so gekommen war in ihrem Leben, und warum es so war, wie es war. Nicht, daß sie gesagt hätte, es sei allein die Schuld des Vaters gewesen. Sie sprach viel von ihm, weit mehr als von der Mutter, auch dann noch, als sie durch einen leichten Schlaganfall im Sprechen behindert war. Es waren meist Szenen, die ihr in den Sinn kamen, und sie schüttelte immer wieder den Kopf. Oft benutzte sie, hatte sie Schwierigkeiten, einen Begriff zu finden, ein Wort, das ich von ihr früher nie gehört hatte, sie sagte – und das betont deutlich: wohlgemerkt. Wohlgemerkt, als könne sie so das Vergessene zurückholen.

Sie dachte über das Leben des Vaters nach, das gescheitert war. Auch das eigene hätte sie als gescheitert angesehen, wäre ihr nicht, mit 72 und nach ihrer Operation, das widerfahren, wovon sie wieder und wieder mit großer Zärtlichkeit sprach, das, was sie ihr Lebensglück nannte, *den Mann* kennengelernt zu haben.

Der Mann, der bis zu seiner Pensionierung der Hausarzt der Familie gewesen war, wohnte in derselben Straße, nicht weit entfernt, und doch bot sich dort ein anderes Bild, kleine Villen lösten die vierstöckigen Mietshäuser ab.

Hin und wieder begegnete die Schwester dem Arzt auf der Straße. Sie grüßten einander, wechselten ein paar Worte. Dann, eines Tages, im Frühling, traf sie ihn in dem kleinen Eimsbüttler Park. Ihre erste Operation lag zwei Jahre zurück. Sie traf den pensionierten Arzt, und wie gewöhnlich redeten sie miteinander. Er muß damals 76 Jahre alt gewesen sein. Von Nachbarn hatte sie zuvor gehört, daß seine Frau vor einigen Monaten gestorben sei. Sie sagte ihm, wie leid es ihr tue. Sie hatte die Frau, die in der Praxis ihres Mannes geholfen hatte, gekannt. Sie redeten ein wenig über das Wetter. Sie erzählte, daß sie jeden Nachmittag in diesen kleinen Park ginge und sich, schien die Sonne, auf eine Bank setze. Sie sah, er war mager und das Gesicht grau, und sie sah, seine Hosen waren ungebügelt, das Hemd offen, und sie sah, er war unrasiert, seit Tagen, da fuhr sie ihm, der eigentlich als Hausarzt eine Respektsperson war, spontan mit der Hand über die Wange und sagte: Sie müssen sich rasieren.

Für wen, fragte er, und so, wie er das aussprach, lag darin eine gewisse Schärfe.

Zwei Tage später traf sie ihn wieder im Park und sah, er hatte sich rasiert. Zunächst redeten sie über Belangloses, dann aber sagte er unvermittelt: Fühlen Sie, und hielt ihr die Wange hin.

Sie strich ihm über die Wange, und sie war weich und glatt.

So begann es. Das, von dem sie sagte, es sei das Glück gewesen in ihrem Leben. Zweieinhalb Jahre sollte sie noch Zeit haben. Sie kaufte sich neue Sachen, Schuhe mit mittelhohen Hacken und schwarze Lackschuhe, Hosen, Pullover in hellen Farben, beige, rot. Rote Handschuhe. Sie hatte nie rote Handschuhe getragen. Sie fuhren gemeinsam nach Sylt. Und wenn ich das Foto sehe, wie sie dasteht, die Haare im Wind, mit einem kühnen Lächeln, ist sie nicht vergleichbar mit der Schwester, die ich bis dahin gekannt und mit den Augen des Vaters gesehen hatte.

Ich blättere wie so oft und immer wieder in den vergangenen elf Monaten in diesem kleinen Notizbuch, von dessen Rücken sich ein Streifen des Einbands gelöst hat, sehe mir wieder die Zeichnung des Bruders an, die einen Löwen zeigt. Er springt hinter einem Baum hervor. Die Skizze ist, vermute ich, nachträglich vom Vater verbessert worden, denn alle anderen Zeichnungen des Bruders sind recht naiv und unbeholfen, diese aber ist durch wenige Details, die mit einem stärkeren Bleistiftstrich hervorgehoben wurden, naturgetreu – die Gelenke der Vorderpranke, die Augen, die Nase, das Gebiß im geöffneten Rachen. Sie verraten einen genauen Blick für das Wesentliche. Ich bin sicher, daß der

Vater an dieser Stelle durch einige Striche, durch Schattierungen nachgeholfen hat, nachdem ihm das Notizbuch zugeschickt worden war. Vermutlich wollte er diese kleine Arbeit des Sohns für einen möglichen fremden Leser – der ich ja bin – den eigenen Erwartungen und Wünschen angleichen.

Das Tagebuch hat der Bruder am 14. Februar 1943 mit der Eintragung begonnen: *Jede Stunde warten wir auf Einsatz. Ab ½ 10 Alarmbereitschaft.*
Feb. 15
Gefahr vorüber, warten.
Feb. 16
Die Russen gewinnen immer mehr Boden, wir liegen ohne Einsatz.

So geht es Tag für Tag weiter. Der Hintergrund der lakonischen Eintragungen läßt sich fast nie aufhellen, ihn, den Bruder, nicht sichtbar werden, seine Ängste, Freude, das, was ihn bewegt hat, Schmerzen, nicht einmal Körperliches wird angesprochen, er klagt nicht, registriert nur.
18. März: unaufhörliche Bombenangriffe der Russen
1 Bombe in unser Quartier 3 Verw. Mein Fahr MG schießt nicht ich nehme mein MG 42 und knalle auf 40 H Schuß Dauerfeuer.
Auf dieser Seite hat sich etwas von dem Körper des Bruders abgezeichnet, wie dunkle Wolken haben sich schwarz die Finger auf dem Papier abgedrückt, derart, daß die *40 H* kaum lesbar sind. Was heißt 40 H? Oder ist es eine Abkürzung, HOH? Oder 400?

Befehl des Generalfeldmarschalls v. Reichenau vom 10. Oktober 1941:

Der Soldat ist im Ostraum nicht nur ein Kämpfer nach den Regeln der Kriegskunst, sondern auch Träger einer unerbittlichen völkischen Idee und der Rächer für alle Bestialitäten, die deutschem oder artverwandtem Volkstum zugefügt wurden. Deshalb muß der Soldat für die Notwendigkeit der harten, aber gerechten Sühne am jüdischen Untermenschentum volles Verständnis haben.

Der Wunsch, sie – der Bruder, der Vater – hätten sich so verhalten wie jener deutsche Offizier, der sich auf der Straße seiner Heimatstadt in Uniform mit einem befreundeten Juden zeigte, zu einer Zeit, als die Juden durch den Stern gebranndmarkt wurden. Der Offizier wurde unehrenhaft aus dem Heeresdienst entlassen. Sein Beispiel wird in dem Buch *Die Wehrmacht* von Wolfram Wette beschrieben. Ein mutiger Offizier. Aber ein so ganz anderer Mut als der in Deutschland erwartete, der sich immer im Verband mit anderen beweisen mußte, dessen Voraussetzung Gehorsam war, eine der preußischen Tugenden, die den Mut zur Gewalt einschloß, Gewalt gegen andere, Gewalt auch gegen sich selbst, *die standen, die haben den inneren Schweinehund besiegt,* der Mut zu töten, der Mut, sich töten zu lassen. Was nicht galt, war der Mut, nein zu sagen, zu widersprechen, Befehle zu verweigern. Hätte nur jeder darauf verzichtet, Karriere zu machen. Die groteske Verachtung gegenüber den Offizieren und Soldaten, die im Widerstand waren, und die Verachtung für jene, die desertiert waren.

Es kommt darauf an, daß einer es wagt, ganz er selbst,
ein einzelner Mensch, dieser bestimmte einzelne Mensch
zu sein; allein vor Gott, allein in dieser ungeheuren An-
strengung und mit dieser ungeheuren Verantwortung.
  Søren Kierkegaard

Seit ich an diesem Buch arbeite, seit ich lese, wieder und
wieder, die Briefe, das Tagebuch, aber auch die Akten,
die Berichte, die Bücher, abermals Primo Levi, Jorge
Semprun, Jean Améry, Imre Kertész und Brownings
Ganz normale Männer, seit ich Tag für Tag das Grau-
en lese, das Unfaßliche, habe ich Augenschmerzen, erst
am rechten Auge, ein Abriß der *Hornhaut*, einige Wochen später am linken, was sich wiederholte, jetzt zum
fünften Mal, ein brennender unerträglicher Schmerz.
Ich bin nicht übermäßig schmerzempfindlich, aber dieser Schmerz läßt mich nicht schlafen, macht Lesen und
Schreiben unmöglich, ein Schmerz, der nicht nur das
verletzte Auge tränen läßt, sondern auch das andere,
ich, der einer Generation angehört, der man das Weinen verboten hatte – ein Junge weint nicht –, weine, als
müßte ich all die unterdrückten Tränen nachweinen
auch über das Nichtwissen, das Nichtwissenwollen,
der Mutter, des Vaters, des Bruders, was sie hätten wissen können, wissen müssen, in der Bedeutung von wissen, nach der althochdeutschen Wurzel, wizzan: er-
blicken, sehen. Sie haben nicht gewußt, weil sie nicht
sehen wollten, weil sie wegsahen. Daher bekommt das
immer wieder Behauptete seine Berechtigung: Das haben wir nicht gewußt – man hatte es nicht sehen wollen, man hatte weggesehen.

147

Träumte – ich lief durch Bunkergänge. Die Feuchtigkeit tropfte von den Betondecken und hatte am Boden bizarre Stalagmiten gebildet. Melder in Uniform kamen mir entgegen, liefen wie bei einem Slalom um die Stalagmiten. Türen wurden mit Eisenhebeln aufgestemmt. In einem Raum, der von außen beatmet wurde, saß der Vater und erklärte mir, wie man von einem Zehnmeterbrett springt, ohne flach auf das Wasser aufzuschlagen. Ich sprang und wachte auf.

Der Junge war zu spät gekommen und hatte, was er besorgen sollte, vergessen. Ich weiß auch jetzt, obwohl ich seit Wochen versuche, mich genau an diese eine Szene zu erinnern, nicht, was das Vergessene gewesen war. Der Vater schickte ihn nach Hause, mit der Ankündigung, abends bekäme er Prügel. Es waren drei, vier Stunden, in denen der Junge an nichts anderes als an die kommende Strafe denken konnte. Am Abend kam der Vater, die Tür wurde aufgeschlossen, der Vater legte den Mantel ab, zog den Ledergürtel von der Hose, befahl dem Jungen, sich zu bücken, und schlug zu.

Die Erinnerung, wie die Mutter versuchte, den Vater zu überreden, von der Strafe abzusehen. Wie sie ihn bat, ja bettelte, nicht zu schlagen.

Der Vater strafte aber nicht nur den Jungen, sondern auch sie damit ab, indem er zeigte, wie man dem Verzeihen und Verziehen ein Ende setzt. Es war das einzige Mal, daß er mich prügelte. Es sollte ein Exempel sein.

In der Erinnerung blieb dieser Nachmittag, die einfallende Dämmerung, die das Kommen der Strafe, der Züchtigung, ankündigte. Die Empörung blieb, und die Wut wuchs.

Die Gewalt war *normal*. Überall wurde geprügelt, aus Aggression, aus Überzeugung, aus pädagogischem Ermessen, in der Schule, zu Hause, auf der Straße.

Der Junge fuhr mit seinem Roller auf dem Fahrradweg. Ein Radfahrer kam vorbei und gab ihm – einfach so – eine Ohrfeige. Der Junge fiel vom Roller.
   Richtig so, sagte ein Passant.

Die Gewalt in der Schule. Es wurde mit dem Stock geprügelt, mit dem Lineal auf die flache Hand geschlagen. Eine Lehrerin riß dem Jungen einmal eine Handvoll Haare aus, was den Vater, der die ausgerupfte Stelle entdeckte, in die Schule gehen und protestieren ließ. Dem Jungen war es peinlich, als hätte er zu Hause gepetzt, und darum verschwieg er fortan die Körperstrafen in der Schule. Als Gewalt empfand der Junge auch das *Schreibenlernenmüssen*. Es war mit *Kopfnüssen* verbunden. Das Wort *Rechtschreibordnung*. *ABC-Schütze*. Es war, als wehre sich das Kind gegen diesen Zwang, das Lautsystem in Zeichen umzuformen, indem es seine Stimme beibehielt, sich lesen hörte, laut, als Wohllaut – heute beim Lesen wie beim Schreiben höre ich meine Stimme im Kopf, als Kopfstimme. Lustvoll: *die Worte, die Worte, die Worte*. So hat das Schreiben seinen Bezug zum Körper bewahrt. Es war – und ist – Notwehr.

Die Gewalt zu Hause und auf der Straße fand ihre Lizenz durch die Gewalt des Staates und durch die Gewaltbereitschaft in der Politik. *Die Kriegsbereitschaft*.

In der Geschichte galt Gewalt zur Erreichung politischer Ziele als legitim und war positiv besetzt. Darum die nach all den Schlachten benannten Straßen und Denkmäler. Den schlüssigen Beweis für eine erfolgreiche Politik lieferten die Angriffskriege Friedrichs des Großen und die durch Bismarck initiierten Einigungskriege, der deutsch-dänische, der preußisch-österreichische und der deutsch-französische. Gewalt, die revolutionäre Gewalt, war auch in der Politik der Linken, der marxistischen Linken, ein legitimes politisches Mittel für gesellschaftliche Veränderungen. Lenin bewunderte den deutschen Generalstab. Parteigehorsam. Der einzelne ist nichts, die Partei alles. Der Parteisoldat. Der Generalsekretär. Das Zentralkomitee. Das *Sich-in-den-Dienst-einer-Idee-Stellen*, die allerdings nicht wie die nationalsozialistische Ideologie die Ungleichheit von Führer und Gefolgsmann zum Ziel erhob, sondern sich im Gegenteil gegen das richtete, was die Ungleichheit hervorbrachte, die Deklassierung, wobei dieses Ziel, eine klassenlose, brüderliche Gesellschaft zu erreichen, Gewalt und temporäre Unterdrückung einschloß.

Meine Bewunderung für die Genossen, die im KZ gewesen waren und dort Widerstandsgruppen gebildet hatten, ungebrochen weiterkämpften, nach dem Krieg in der Bundesrepublik unter der Adenauer-Regierung abermals verboten wurden, in den Untergrund gingen, hartnäckig weiterkämpften, an der auf Gleichheit und Gerechtigkeit zielenden Idee festhielten, diese Bewunderung hatte ihren Beweggrund auch in den von dem Vater eingeforderten *alten* Tugenden: Stetigkeit, Pflichterfüllung, Mut, die bei diesen Kämpfern verbindlich waren. Und so schloß ich mich ihnen an. Als die Differenzen zunahmen und ich die Partei verließ, peinigte mich am meisten der Gedanke, die Genossen im Stich zu lassen. Obwohl mein Entschluß – aus Einsicht und Überzeugung resultierend – feststand, blieb dennoch das quälende Gefühl, einen Verrat zu begehen.

Der Mut, allein auf sich gestellt nein zu sagen. Non servo. Der Sündenfall in der Religion und in jedem totalitären System, das auf Befehl und Gehorsam beruht. Nein zu sagen, auch gegen den Druck des sozialen Kollektivs.

Hiermit schließe ich mein Tagebuch, da ich für unsinnig halte, über so grausame Dinge wie sie manchmal geschehen, Buch zu führen.

Ich habe diese Stelle während des Schreibens wieder und wieder aufgeblättert und gelesen – es war, als fiele ein Lichtstrahl in die Finsternis.

Wie kommt es zu dieser Einsicht? Der Bruder nennt den Tod zweier Kameraden und den Verlust des Heims. Beides lag jedoch schon eine längere Zeit zurück. Könnte es sein, daß sich bei seinem Einsatz inzwischen etwas ereignet hatte, etwas Schreckliches, das sich dieser Form seines Schreibens entzog? Die stichwortartigen Notizen konnten Leid nicht erfassen, weder das der anderen noch das eigene. Es ist die Abwesenheit von jedem Mitempfinden – auch sich selbst gegenüber. Und die Wiederholung machte das Sinnlose auch noch banal.

Sind in dieser Einsicht, daß man über grausame Dinge nicht Buch führen kann, auch die Gegner und Opfer eingeschlossen, die russischen Soldaten und Zivilisten? Die Juden? In dem Tagebuch finden sich keine antisemitischen Äußerungen und keine Stereotypen wie in den Feldpostbriefen anderer Soldaten: Untermenschen, der Dreck, Ungeziefer, die Stumpfheit der Russen. Andererseits findet sich kein Satz, der so etwas wie Mitgefühl verrät, nicht die Andeutung einer Kritik an den Zuständen läßt sich herauslesen, nichts, was eine plötzliche Konversion verständlich machen würde. Die Notizen verraten weder den Überzeugungstäter noch aufkeimenden Widerstand. Es spricht daraus – und das ist das Erschreckende – eine partielle Blindheit, nur das *Normale* wird registriert. Um so erstaunlicher dieser Satz und die Lücke, die es zwischen der vorletzten Eintragung *die Fahrt geht weiter* und der Einsicht, über so *grausame Dinge* nicht mehr schreiben zu können, gibt. Und da ist der Wunsch, mein Wunsch, diese Lücke möge für ein Nein stehen, für das non servo, das am Anfang der Aufkündigung von Gehorsam steht und mehr Mut erfordert, als für die vorstoßenden Panzer Breschen in Gräben zu sprengen. Das wäre der Mut, der in die Vereinzelung führt, sich dem Stolz und dem Schmerz des Einsamen nähert.

Der Schmerz, der Tod galten als das Bestimmende für ein heroisches Lebensgefühl, für die Bereitschaft, Schmerz zu ertragen, bereit zu sein für den Tod. Die Bejahung des Schmerzes als Bejahung des Lebens, eines Lebens, das sich einsetzt und sich wagt, das im Gegensatz zu allem Lauen, Spießigen, Mittelmäßigen, Bequemen steht.

Der japanische General Nogi, der mit Zufriedenheit die Nachricht vom Tode seines Sohns aufnahm. Das heroische Lebensgefühl aber war schon fraglich geworden, unzeitgemäß wie seine zur Schau gestellten Requisiten, die Degen, Reitstiefel, Sporen und Luftwaffendolche. Der Luftwaffendolch, den der Vater im Urlaub, auch das eine Erinnerung, sich neu kaufen mußte, weil beim Einsteigen in die Eisenbahn irgendein Landser, einer *dieser Proleten,* die Zugtür zugeworfen hatte, angeblich aus Höflichkeit, es tatsächlich aber auf den Dolch abgesehen hatte – der dann auch verbogen war.

Das Erstaunliche an der Lektüre von Ernst Jüngers *In Stahlgewittern,* und wohl auch Faszinierende, ist, daß sich darin ein Bewußtsein ausspricht, dem *Todesmut, Pflicht, Opfer* noch *absolute* Werte sind, nicht nur soziale Richtlinien, sondern Werte, die im gemeinsamen Kampf den Nihilismus transzendieren sollten. Daß aber dieser Mut, die Pflicht, der Gehorsam zugleich diejenigen Werte waren, die auch die Todesfabriken hatten länger arbeiten lassen, selbst wenn man es nicht wußte – aber es doch hätte wissen können –, das konnte und wollte der Vater nie einsehen. Es war eine Frage, die sich die Vätergeneration selbst nicht stellte – als fehle ihrem Bewußtsein dafür das Instrumentarium – und auf die sie, kam sie von außen, keine Antwort fand, sondern nur Ausreden.

Die Veränderungen am Vater. Er wurde dicker, im Gesicht aufgedunsen, schwammig vom Alkohol. Seine betont aufrechte Haltung, *das Kinn an die Kragenbinde,* war dahin, er sank in sich zusammen. Er trug keine Krawatten mehr, das Hemd offen, um Luft zu kriegen.

Tatsächlich hatte er Herzbeschwerden, litt an Atemnot, rauchte, trank, ging erst um zwei oder drei Uhr ins Bett, kam morgens um elf, manchmal erst um zwölf aus dem Schlafzimmer, verkatert, verquollen, grau im Gesicht. Von den Kundinnen, die seinetwegen gekommen waren, ließen sich nur noch wenige sehen, und die auch nur, um kleinere Umarbeitungen ausführen zu lassen.

Ich habe in meinem Arbeitsjournal nachgeschlagen, und tatsächlich fällt der erste Abriß der Hornhaut an meinem rechten Auge in die Zeit, als ich das Buch von Browning las – *Ganz normale Männer.*

Was würde der Bruder, hätte er überlebt, zu diesem Buch *Ganz normale Männer* sagen? Wie würde er sich heute zu seiner Militärzeit stellen? Wäre er Mitglied in einem der Kameradschaftsverbände der SS? Was würde er sagen, wenn er heute diesen Satz lesen würde: *75 m raucht Iwan Zigaretten, ein Fressen für mein MG*?

Und was hätte er, der Vater, gesagt? Hätte er das Buch überhaupt in die Hand genommen?

Ich versuchte ihn anzurufen, ich mußte ihm etwas ausrichten, noch im Traum wunderte ich mich darüber, daß ich ihm etwas ausrichten sollte, ohne zu wissen, was. Wußte auch nicht, wer mir den Auftrag gegeben hatte. Aber es war von größter Wichtigkeit. Ich lief von Telefonzelle zu Telefonzelle, auf deren Display jedoch immer wieder stand: Außer Betrieb. Nur SOS. Nach einigem Zögern drückte ich die Tasten für das

SOS. Ich hörte einen sonoren Ton und wußte, das ist seine Kopfstimme. Welch ein sonderbares Wort: Kopfstimme.

Am selben Morgen, nach dem Frühstück, wählte ich die Telefonnummer in Hamburg, die der Vater vor einem halben Jahrhundert bekommen hatte, die danach die Mutter und später die Schwester übernahm: 40 50 10. Eine merkwürdige Nummer, wie mir erst jetzt auffiel, die addiert 100 und in der Quersumme 10 ergibt. Ich hörte: Kein Anschluß unter dieser Nummer.

Auch das wurde mir während des Schreibens erst bewußt, der Vater hat nie etwas über seine Kindheit erzählt. Hart soll sie gewesen sein, bei diesem Onkel in Coburg, dem Präparator, erzählte eine Tante. Mit elf oder zwölf war er zu diesem Onkel gekommen. Ein guter Schüler soll er gewesen sein. Er fiel durch sein Hochdeutsch mit dem norddeutschen Tonfall auf. Er muß sehr einsam gewesen sein. Tags war er in der Schule, nachmittags half er in der Werkstatt beim Präparieren. Einen jungen Raben, der aus dem Nest gefallen war, hatte er sich gezähmt. Mit diesem Raben auf der Schulter soll er herumgelaufen sein. Es ist das einzige Detail aus seiner Kindheit, das ich kenne.

Dieses Bild: der Rabe, der wohl auch ein paar Worte krächzen konnte, auf der Schulter des Jungen, der mein Vater war.

Ich wurde nachts von der Mutter geweckt, deutlich habe ich diese Situation vor Augen, wie die Mutter an meinem Bett steht und sagt: Komm schnell, Vater ist schlecht geworden.

Es war ein ungewöhnlich heißer Tag gewesen, der 1. September 1958. Auch jetzt, nachts um drei, war es noch schwül heiß. Ich ging hinunter in den Laden, wo er am Boden lag. Wie gefällt lag er da, zwischen dem Sessel und dem Rauchtisch, den er damals aus dem brennenden Haus gerettet hatte, der jetzt gekantet gegen die Wand stand. An dem Tisch hatte er sich vermutlich festhalten, nein aufstützen wollen, als er stürzte. Der linke Arm lag weit ausgestreckt, das Gesicht war grau. Er lag im Anzug da, dem dunkelgrauen, hatte, obwohl es doch so heiß war, nicht die Jacke ausgezogen. *Man zieht das Jackett nicht aus.* Der Hund sprang um ihn herum, winselte, leckte die Hände, das Gesicht. Draußen, vor der offenen Ladentür, standen ein paar Menschen, stumm. Er hatte das Scherengitter vor der Tür zugezogen und die Tür geöffnet, um ein wenig Durchzug zu haben. Das erzählte mir später die Mutter, sie sei von dem Rufen der Leute geweckt worden. Die Passanten hatten durch die angelehnte Tür seine Beine am Boden gesehen, hätten die Tür weiter aufgestoßen und ihn liegen sehen.

Später im Krankenwagen saß ich am Kopfende der Bahre, und der Sanitäter hatte sich neben die Bahre gesetzt und fragte mich nach den Personalien des Vaters, geboren am 5. November 1899. Er schrieb sie in ein Formular, als plötzlich der Arm des Toten herunterrutschte und den danebensitzenden Sanitäter in den Rücken traf. Der Schreck, der den Sanitäter zusammenfahren und einen kleinen Schrei ausstoßen ließ. Ich legte dem Vater den schwer herunterhängenden Arm behutsam wieder auf die Brust. Der Unfallwagen fuhr ohne Sirene und Blaulicht. Und ich dachte einen Moment, wie sonderbar, daß sie sich nicht beeilen, zugleich wußte ich, Eile tat nicht not.

Auf dem Hof des Hafenkrankenhauses angekommen, stiegen wir aus. Der Sanitäter öffnete die Hecktür und ließ sie offenstehen. Ich stand und wartete. Es war noch immer schwül. Ich sah den Vater auf der Bahre, schattenhaft, die Arme auf der Brust. Nach einiger Zeit kam ein Arzt über den Hof geschlendert, eine Zigarette im Mund, den weißen Kittel trug er offen. Er begrüßte mich mit einem Kopfnicken und stieg in den Wagen, warf dann die halbgerauchte Zigarette aus der Tür, zog eine kleine Stabtaschenlampe aus der Kitteltasche und leuchtete damit in die Augen des Vaters.

Er kletterte aus dem Unfallwagen, gab mir die Hand und sagte: Mein Beileid.

Auf meine Frage, woran der Vater gestorben sei, sagte er: Muß man sehen.

Die ersten ein, zwei Jahre nach seinem Tod, ich hatte das Geschäft übernommen und arbeitete gemeinsam mit Mutter und Schwester an dessen Entschuldung, hatte ich mehrmals diesen Traum. Die Ladenglocke geht, und er kommt herein, groß und schattenhaft. Mein Entsetzen. Er hatte sich nur totgestellt.

Der Traum verlor sich, als ich an das Braunschweig-Kolleg ging und mich dort auf das Abitur vorbereitete.

Manchmal, sehr selten, ist er mir nahe.

Ein Foto, an der Oberfläche brüchig und bräunlich, zeigt ihn – es wird im Baltikum aufgenommen worden sein –, er steht vor einer Bauernkate im Schnee, die Uniformmütze auf dem Kopf, in Uniform und Stiefeln. Er steht da und lacht. Eine Ähnlichkeit, die auf eine eigentümliche Weise uns aufhebt, meinen Sohn und mich, zumindest auf diesem kleinen Foto und aus der Distanz der Kamera.

Noch immer arbeite ich – ja, arbeite – an seinen Wünschen.

Am Eingang zu dem Gelände der Sophienkathedrale in Kiew hörte ich den Gesang, einen leisen, wehmütigen, nie gehörten Sprechgesang, der mich auf eine wunderliche Weise anzog. Weitergehend sah ich auf einer Mauer den Mann unter einem Ahorn sitzen. Einer der wandernden Sänger, die, wie ich später hörte, seit dem Zusammenbruch der sozialistischen Ordnung wieder durch das Land ziehen und ihre Lieder singen, die von gefallenen Helden und von Liebesleid erzählen. In der langen Zwischenzeit von siebzig Jahren muß die Erinnerung an diese Heldenlieder in aller Verschwiegenheit gehütet worden sein. Der Sänger begleitete sich selbst auf der Kobsa, einem fast runden, lautenähnlichen Instrument. Plötzlich verstummte der Gesang. Diese aufhorchen lassende Stille, bis nach einiger Zeit, so langsamleise wieder der Gesang anhob.

Ich stand und lauschte in meiner Ergriffenheit, lange – und die Augen und Ohren gingen mir auf.

Das Eigentümliche an dem Tagebuch ist, daß es dieses Buch nicht geben dürfte. Es war verboten, Tagebuch zu führen, insbesondere bei der SS. Allzu leicht konnte daraus, fiel ein Tagebuch in die Hände der Feinde, etwas über die Stimmung der Truppe in Erfahrung gebracht werden, und man konnte die Bewegungen der Einheit verfolgen, was ich tatsächlich jetzt auch tue, aus der Distanz von 60 Jahren. Er muß das Tagebuch also heimlich geführt haben, was dessen Lakonie, dessen Flüchtigkeit erklärt, die Abkürzungen, die Schreibfehler.

Was das Vorhandensein dieses Tagebuchs noch merkwürdiger macht, ist, daß es von offizieller SS-Stelle meiner Mutter zugeschickt wurde, wahrscheinlich ein bürokratischer Reflex: ein kleines Pappkästchen, mit Briefen, den Orden, ein paar Fotos, einer Zahnpastatube und einem Kamm. Und an diesem Kamm ist das, was von seinem Körper blieb, ein paar blonde Haare. Die Zahnpasta in der Tube ist inzwischen versteinert.

Hiermit schließe ich mein Tagebuch, da ich für unsinnig halte, über so grausame Dinge wie sie manchmal geschehen, Buch zu führen.